Pocket-Sprachkurs
ITALIENISCH

Lernen in kleinen Portionen
Mit Audio-Download

von
Susanne Godon

PONS
Pocket-Sprachkurs
ITALIENISCH
Lernen in kleinen Portionen
Mit Audio-Download

von Susanne Godon

MITREDEN!-Seiten: Antonella Petrolo

5. Auflage 2025

Logoentwurf: Erwin Poell, Heidelberg
Logoüberarbeitung: Sabine Redlin, Ludwigsburg
Layout: Meike Elsasser, Hildrizhausen
Einbandgestaltung: Mariela Schwerdt, Design & Feinschliff Studio
Satz: Design Depot Ltd., www.design-depot.eu
Druck und Bindung: Multiprint Ltd., Kostinbrod

ISBN: 978-3-12-562335-4

Sie möchten in kleinen Portionen erste Kenntnisse in Italienisch erlangen? Mit dem **Pocket-Sprachkurs Italienisch** haben Sie zwei Möglichkeiten, um schnell und einfach zu lernen – je nachdem, wie viel Zeit Sie aufwenden möchten.

1. Sie haben nicht viel Zeit? Kein Problem!

Beginnen Sie direkt mit den **MITREDEN!-Seiten**. Die zehn farbig hinterlegten Seiten, die im ganzen Buch verteilt sind, fassen die wichtigsten Wörter und Sätze zusammen.

- Sie lernen das Allerwichtigste, um sich vor Ort zu verständigen.
- Sie können die für Sie wichtigen Themen in beliebiger Reihenfolge lernen.

MITREDEN!

2. Sie möchten tiefer einsteigen? Auch kein Problem!

Mit den **25 Mini-Lektionen** können Sie ganz einfach Grundkenntnisse in Italienisch erlangen und mitreden.

- Jede Lektion besteht aus vier Seiten. Hier werden alle wichtigen **Themen rund um Urlaub und Alltag** behandelt.
- In den **Übungen** können Sie das Gelernte sofort trainieren.
- Die **Lösungen** dazu finden Sie immer auf der rechten Seite unten.

Folgende **Symbole** werden Ihnen im Buch begegnen:

verweist auf die zugehörige MP3-Hördatei, die Sie unte **www.pons.de/pocket-sprachkurs-IT** finden.

verweist auf ein Grammatikthema, das in der allgemeinen Grammatik im Anhang ausführlicher erklärt wird.

verweist auf interkulturelle Tipps, die Ihnen Informationen zu Land und Leuten geben.

Im **Anhang** des Buches finden Sie

- **die Grammatik:** Alle im Kurs behandelten Grammatikthemen werden hier anschaulich erklärt.
- **den Grundwortschatz:** Hier erhalten Sie den wichtigsten Wortschatz, um sich vor Ort zu verständigen.
- **den Lektionswortschatz:** Hier können Sie den thematische Wortschatz lektionsweise mitlernen.

Viel Spaß und Erfolg!
Ihre PONS-Redaktion

Das italienische Alphabet 1

a	(a)	**h**	(acca)	**o**	(o)		
b	(bi)	**i**	(i)	**p**	(pi)		
c	(ci)	**j**	(i lunga)	**q**	(cu)	**v**	(vu/vi)
d	(di)	**k**	(kappa)	**r**	(erre)	**w**	(doppia vu/vi)
e	(e)	**l**	(elle)	**s**	(esse)	**x**	(ics)
f	(effe)	**m**	(emme)	**t**	(ti)	**y**	(ipsilon)
g	(gi)	**n**	(enne)	**u**	(u)	**z**	(zeta)

Die *Buchstaben* **le lettere** sind im Italienischen weiblich (z.B. **la elle**). **J, k, w, x** und **y** kommen nur in Fremdwörtern vor.

Ausspracheregeln  2

c, g

Vor **a**, **o** und **u** sowie vor Konsonanten werden **c** und **g** hart gesproche also **c** wie ein deutsches **/k/** und **g** wie ein deutsches **/g/**:
caffè *Espresso*, **acqua** *Wasser*, **lago** *See*, **grande** *groß*
Vor **i** und **e** werden **c** wie **/tsch/** (stimmlos wie in „*deutsch*“) und **g** wi **/dsch/** (stimmhaft wie in „*Gin*“) gesprochen: **Sicilia** *Sizilien*, **cenare** *zu Abend essen*, **Germania** *Deutschland*, **gelato** *Eis*

Ein **h** vor dem **i** oder **e** macht das **c** und **g** hart: **occhiali** *Brille*, **chilo** *Kilo* **colleghi** *Kollegen*

sc wird vor **i** und **e** wie **/sch/** gesprochen: **pesce** *Fisch*, **cuscino** *Kissen*; ansonsten immer wie **/sk/: scusi** *Entschuldigen Sie*, **scheda** *Karte*

gl entspricht einem mouillierten **/l/**, wie etwa in „*brillant*“:
famiglia *Familie*, **bottiglia** *Flasche*, **tovaglia** *Tischdecke*

gn entspricht mouillierten **/n/**, etwa wie in *„Kognak“*: **bagno** *Bad*, **segnale** *Schild*

eu, ei werden wie zwei getrennte Vokale gesprochen, das **e** dabei sehr offen, wie ein deutsches **/ä/: euro** *Euro*, **vorrei** *ich möchte*

qu wird wie ein **/k/** und ein sehr dunkles **/u/** ausgesprochen: **quando** *wann*, **quale** *welch-*. Nicht wie im Deutschen **/kw/!**

v wird wie **/w/** gesprochen, nie wie ein **/f/: vespa** *Wespe*

h wird im Italienischen nie ausgesprochen.

Betonung 3

Die meisten italienischen Wörter werden auf der vorletzten Silbe betont, z.B. **italiano** *italienisch*, **francese** *französisch*. Einige längere Wörter, wie **telefono** *Telefon*, **benissimo** *sehr gut* betont man auf der drittletzten Silbe.

Akzent  4

Der **accento grave** (`) steht auf offenem **e** und **o** (wie in *„hell“* und *„Wolle“*) und auf den anderen Vokalen am Wortende: **città** *Stadt*, **caffè** *Espresso*, **così** *so*, **perciò** *deshalb*. Der **accento acuto** (´) steht auf geschlossenem e (wie in *„reden“*): **perché** *warum/weil*.

Das bedeutet aber nicht, dass alle anderen Buchstaben ohne Akzent gleich ausgesprochen werden. Vergleichen Sie z.B. das offene **e** in **bello** *schön* mit dem geschlossenen in **mela** *Apfel*, oder das offene **o** in **Modena** mit dem geschlossenen in **Roma**.

Begrüßen, Verabschieden und Smalltak  5

Buongiorno!	Guten Tag!	**Arrivederci!**	Auf Wiedersehen
Buonasera!	Guten Abend!	**Buonanotte!**	Gute Nacht!
Ciao!	Hallo!; Tschüss!		

Come stai?
Wie geht es dir?

→ **Sto... bene** (Es geht mir... gut)
→ **...benissimo/molto bene** (... sehr gut)
→ **...male** (... schlecht)

Come ti chiami?
Wie heißt du?

→ **Mi chiamo ...** (Ich heiße ...)

Quanti anni hai?
Wie alt bist du?

→ **Ho ... anni.** (Ich bin ... Jahre alt.)

Grundzahlen  6

0	**zero**	10	**dieci**	20	**venti**
1	**uno**	11	**undici**	21	**ventuno**
2	**due**	12	**dodici**	30	**trenta**
3	**tre**	13	**tredici**	40	**quaranta**
4	**quattro**	14	**quattordici**	50	**cinquanta**
5	**cinque**	15	**quindici**	60	**sessanta**
6	**sei**	16	**sedici**	70	**settanta**
7	**sette**	17	**diciassette**	80	**ottanta**
8	**otto**	18	**diciotto**	90	**novanta**
9	**nove**	19	**diciannove**	100	**cento**

Fragewörter und Konjunktionen  7

chi	wer	**che (cosa)**	was	**come**	wie
quando	wann	**dove**	wo, wohin	**perché**	warum, weil
e	und	**allora**	dann, also		
o	oder	**ma**	aber		

Zeitausdrücke 7

ieri	gestern
oggi	heute
domani	morgen
dopodomani	übermorgen

la mattina	morgens
il pomeriggio	nachmittags
la sera	abends
la notte	nachts

spesso	oft
ogni tanto	ab und zu
sempre	immer

Wochentage 8

lunedì	Montag	**venerdì**	Freitag
martedì	Dienstag	**sabato**	Samstag
mercoledì	Mittwoch	**domenica**	Sonntag
giovedì	Donnerstag		

Sonstiges 9

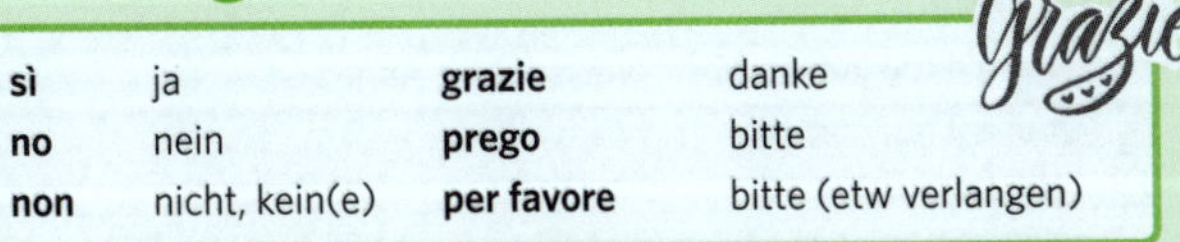

sì	ja	**grazie**	danke
no	nein	**prego**	bitte
non	nicht, kein(e)	**per favore**	bitte (etw verlangen)

10

Salve!	Hallo!
Buona giornata!	Einen schönen Tag!
Buona serata!	Einen schönen Abend!
abbastanza bene	ganz gut
non c'è male	nicht schlecht

Di dove sei?	Woher kommst du?
Sono di Berlino.	Ich komme aus Berlin.
Roma	Rom
Milano	Mailand
abitare a	wohnen in
tedesco	deutsch
spagnolo	spanisch
italiano	italienisch
francese	französisch
nuovo	neu
la città	die Stadt

Ho ventitré anni.	Ich bin dreiundzwanzig Jahre alt.
Qual è il tuo indirizzo?	Wie ist deine Adresse?
Qual è il tuo numero di telefono?	Wie ist deine Telefonnummer?

11

Ciao, io sono Sara. E tu come ti chiami?
Ciao, io mi chiamo Marco. Di dove sei?
Sono di Milano.
Io sono di Berlino. Adesso abito qui a Roma.
Quanti anni hai?
Ho venti anni.

Buongiorno sagt man vom Morgen bis zum frühen Nachmittag und **buonasera** spätnachmittags bis abends. Die familiäre Form sich zu begrüßen, aber auch sich zu verabschieden, ist **ciao**. Wenn Sie dagegen nicht sicher sind, ob Sie die Person siezen oder duzen, können Sie zur Begrüßung **salve** sagen. Um sich höflich zu verabschieden, sagen Sie **arrivederci** oder **arrivederLa**. Mit **buona giornata** können Sie jemandem noch einen schönen Tag wünschen und mit **buona serata** noch einen schönen Abend. **Buonanotte** heißt *gute Nacht*.

2

In der Wortschlange sind fünf Grußformeln versteckt.

l u p t a t a r r i v e d e r L a q u p i b u o n a n o t t e
h e x e u i s a l v e e d u n t n s e t f a c i a o n v e l i
s d o l b u o n g i o r n o o r e f a c i d u n t v e l d o l

  12

Man fragt eine Person nach ihrem Befinden mit:

Come stai?	*Wie geht es dir?*
Come sta?	*Wie geht es Ihnen?*

Mögliche Antworten sind:

benissimo	*sehr gut*	**bene**	*gut*
molto bene	*sehr gut*	**non c'è male**	*nicht schlecht*
abbastanza bene	*ganz gut*	**male**	*schlecht*

Dazu können Sie **grazie** *danke* sagen und zurückfragen: **E tu**? *Und dir?* bzw. **E Lei?** *Und Ihnen?*, wenn Sie jemanden siezen. Das Verb **stare** können Sie natürlich auch in der Antwort wiederholen, z. B.: **Sto bene**. *Mir geht es gut.*

  8  13

Lernen Sie auch die anderen Formen von **stare**:

io sto	**noi stiamo**
tu stai	**voi state**
lui/lei/Lei sta	**loro stanno**

Die eigentliche Bedeutung von **stare** ist *„sein"* im Sinne von *„sich* (an einem bestimmten Ort) *befinden"*: **Dove stanno le sigarette?** *Wo sind die Zigaretten?*

Verbinden Sie die Fragen mit der dazu passenden Antwort.

1. Ciao Giorgio! Come stai? ___ **A** Bene, grazie, e Lei?

2. ArrivederLa, signor Tozzi. ___ **B** Ah, lui sta benissimo!

3. Buongiorno, come sta? ___ **C** Ciao, sto bene, e tu?

4. I bambini come stanno? ___ **D** Arrivederci.

5. E Carlo, come sta? ___ **E** Loro stanno bene, grazie.

LÖSUNG

2 arrivederLa, buonanotte, salve, ciao, buongiorno • **5** 1C; 2D; 3A; 4E; 5B

Mit dem wichtigen Verb **essere** *sein* können Sie sich oder eine andere Person jemandem vorstellen: **Ciao, sono Chiara**. *Hallo, ich bin Chiara.* Hier die Präsensformen im Überblick.

io sono	*ich bin*	**noi siamo**	*wir sind*
tu sei	*du bist*	**voi siete**	*ihr seid*
lui/lei/Lei è	*er/sie ist/Sie sind*	**loro sono**	*sie sind*

Achtung: Die Personalpronomen **io, tu** ... werden im Italienischen in der Regel weggelassen.

Auf den Bildern sehen Sie verschiedene Personen, die sich selbst oder jemand anderen vorstellen. Ergänzen Sie die Sätze.

1. Ciao, ______ Monica.

3. Io ______ Paolo, e tu?

2. Lei ______ Francesca.

4. Lei ______ la signora Carli.

Und so klingt die Begrüßung am Telefon:

Pronto? – Casa Carrera?	*Hallo? – Bin ich richtig bei Carrera?*
Chi parla? – Sono Chiara.	*Wer ist am Apparat? – Hier spricht Chiara.*

9

Beim Telefonieren in Italien gibt es zwei Besonderheiten:

- Die Person, die anruft, stellt sich zuerst vor.
- Man meldet sich am Telefon mit einem bestimmten Wort. Mit welchem? Schreiben Sie es in die Sprechblase.

10

Nur eine Reaktion passt. Welche? Kreuzen Sie an.

1. Chi parla?
- **A** C'è Chiara?
- **B** Ciao Chiara!
- **C** Sono Chiara!

2. Come stai?
- **A** Sto bene, grazie.
- **B** Ciao Franco!
- **C** Sì.

3. Io sono Paolo, e tu?
- **A** Non c'è male.
- **B** Ciao, sono Monica.
- **C** Chi parla?

4. Ciao Mony!
- **A** Ciao!
- **B** Benissimo!
- **C** Certo!

LÖSUNG

7 1. sono; **2.** è; **3.** sono; **4.** è • **9** Pronto? • **10** 1C; 2A; 3B; 4A

Benutzen Sie das Verb **essere** und die Präposition **di**, wenn Sie sagen wollen, aus welcher Stadt Sie stammen. Die entsprechenden Fragen lauten:

Di dove sei? - Di Roma.	*Woher kommst du? - Aus Rom.*
Di dov'è? - Di Berlino.	*Woher kommen Sie? - Aus Berlin*

Wie Sie im folgenden Dialog sehen können, verwendet man das Verb **essere** in Verbindung mit der Nationalität, um auszudrücken, aus welchem Land man kommt: **Sono tedesco/ tedesca.** *Ich bin Deutscher/Deutsche.*

• **Buongiorno! Mi chiamo Francesca Baldassarri. E Lei come si chiama?**	*Guten Tag! Ich heiße Francesca Baldassarri. Und Sie, wie heißen Sie?*
▪ **Sono Pablo Dìaz.**	*Ich bin Pablo Diaz.*
• **Di dov'è?**	*Woher kommen Sie?*
▪ **Sono spagnolo, e Lei?**	*Ich bin Spanier, und Sie?*
• **Io sono italiana.**	*Ich bin Italienerin.*

Spagnolo und **italiana** sind Länderadjektive. Die meisten Adjektive auf **-o** haben vier Formen, die sich in Geschlecht und Zahl nach den Substantiven richten:

männlich Einzahl	männlich Mehrzahl	weiblich Einzahl	weiblich Mehrzahl
italiano	**italiani**	**italiana**	**italiane**
tedesco	**tedeschi**	**tedesca**	**tedesche**
spagnolo	**spagnoli**	**spagnola**	**spagnole**

Adjektive auf **-e** unterscheiden sich dagegen nur in Einzahl und Mehrzahl: **francese** – **francesi** *französisch.*

Di dove sono? Woher kommen diese Personen? Schreiben Sie die richtigen Länderadjektive in die Lücken.

1. Giorgio è di Milano.
È ____________________.

3. Alexandra è di Berlino.
È ____________________.

2. Pablo e Juan sono di Madrid. Sono __________.

4. Pierre, Jean e Paul sono di Parigi. Sono __________.

LÖSUNG

4 1. italiano; **2.** spagnoli; **3.** tedesca; **4.** francesi

Lernen Sie die Bezeichnungen einiger Länder auf Italienisch.

Italia	*Italien*
Germania	*Deutschland*
Inghilterra	*England*
Francia	*Frankreich*
Spagna	*Spanien*
Portogallo	*Portugal*
Grecia	*Griechenland*

Mit der Präposition **a** können Sie angeben, in welcher Stadt Sie wohnen oder sind: **Abito a Roma**. *Ich wohne in Rom.* **Adesso sono a Milano**. *Jetzt bin ich in Mailand.* Die Präposition **in** steht vor dem Namen einer Straße: **Abito in Via Manzoni**. *Ich wohne in der Via Manzoni.*/vor großen Inseln: **Siamo in Sardegna**. *Wir sind in Sardinien.*/vor Staaten: **Abitano in Germania**. *Sie wohnen in Deutschland.*

7

A, **di** oder **in**? Fügen Sie die richtige Präposition ein.

1. Ciao! Io sono di Venezia. E tu, ________ dove sei?
2. Sono di Napoli, ma abito ________ Torino.
3. Dove siete? – Siamo ________ Sicilia.
4. Maria è spagnola, ma abita ________ Germania.
5. Carlo è italiano. Abita ________ Modena.

  8  20

Lernen Sie die sechs Präsensformen des Verbs **abitare** *wohnen*.

io abito	*ich wohne*
tu abiti	*du wohnst*
lui/lei/ Lei abita	*er/sie wohnt/ Sie wohnen*
noi abitiamo	*wir wohnen*
voi abitate	*ihr wohnt*
loro abitano	*sie wohnen*

Abitare ist ein regelmäßiges Verb. Entsprechend der Endung ihres Infinitivs gibt es drei Gruppen: Verben auf **-are**, **-ere** und **-ire**.

Die Antworten auf der rechten Seite passen nicht zu den Fragen auf der linken Seite. Ordnen Sie den Fragen die richtigen Antworten zu.

1. Di dov'è?	___ **A**	No, sono spagnola.
2. Tu sei Anna?	___ **B**	Sono italiana, di Genova.
3. Lei è italiana?	___ **C**	No, in Via Mazzini.
4. Tu sei di Berlino?	___ **D**	No, io mi chiamo Lisa.
5. Tu sei tedesco?	___ **E**	No, sono di Amburgo.
6. Abiti in Via Garibaldi?	___ **F**	Sì, sono tedesco.

LÖSUNG

7 **1.** di; **2.** a; **3.** in; **4.** in; **5.** a • **9** 1B; 2D; 3A; 4E; 5F; 6C

So können Sie nach Adresse, Telefonnummer oder Alter einer Person fragen:

Qual è il tuo/Suo indirizzo?	*Wie ist deine/Ihre Adresse?*
Qual è il tuo/Suo numero di telefono?	*Wie ist deine/Ihre Telefonnummer?*
Quanti anni hai/ha?	*Wie alt bist du/sind Sie?*

Anders als im Deutschen drückt man das Alter im Italienischer mit dem Verb **avere** *haben* aus: **Ho 5 anni**. *Ich bin fünf Jahre alt.* Die Präsensformen von **avere** sind:

io ho	*ich habe*
tu hai	*du hast*
lui/lei/Lei ha	*er/sie hat/Sie haben*
noi abbiamo	*wir haben*
voi avete	*ihr habt*
loro hanno	*sie haben*

Achten Sie darauf, dass man das „**h**" im Italienischen nicht a spricht! „**Ho**" wird ei fach nur als offenes gesprochen. „**Hai**" kl wiedas deutsche „*Ei*

Um eine Telefonnummer sagen zu können, benötigen Sie die Zahlen von 0 bis 9.

0	**zero**	5	**cinque**
1	**uno**	6	**sei**
2	**due**	7	**sette**
3	**tre**	8	**otto**
4	**quattro**	9	**nove**

  23

Wie lautet Lisas Telefonnummer? Schreiben Sie sie in Ziffern in die untere Zeile.

Lisa, qual è il tuo numero di telefono?

Zero, sette, cinque, quattro, due, otto, due, cinque, sette, tre.

____

5

Ergänzen Sie die richtigen Formen von **essere** und **avere**.

1. Ciao! Io ________ Giorgio! E tu come ti chiami?

2. Io ho nove anni e tu quanti anni ________? – Otto.

3. Maria è spagnola. E tu di dove ________?

4. Lei ________ tedesco? – No, ________ francese.

5. Qual ________ il tuo numero di telefono? – 021/545632.

LÖSUNG

4 0754282573 • **5 1.** sono; **2.** hai; **3.** sei; **4.** è; sono; **5.** è

6

Lernen Sie nun die Zahlen von 10 bis 21.

10	**dieci**	16	**sedici**
11	**undici**	17	**diciassette**
12	**dodici**	18	**diciotto**
13	**tredici**	19	**diciannove**
14	**quattordici**	20	**venti**
15	**quindici**	21	**ventuno**

Ab 20 werden die Zahlen regelmäßig gebildet. Man fügt die Zahlen von 1 bis 9 den Zehnern **venti** (20), **trenta** (30), **quaranta** (40), **cinquanta** (50), **sessanta** (60), **settanta** (70) **ottanta** (80), **novanta** (90) hinzu. Bei **tre** wird immer ein Akzent gesetzt: **ventitré** (23), **cinquantatré** (53). Bei **uno** und **otto** verliert der Zehner den Vokal am Ende: **ventuno** (21), **trentotto** (38). 100 heißt **cento**.

7

Schreiben Sie diese Zahlen in Buchstaben auf:

1. 25 ______
2. 44 ______
3. 69 ______
4. 28 ______
5. 82 ______
6. 56 ______

Ordnen Sie den Bildern die richtige Beschreibung zu!

___ **A** quattordici caramelle

___ **B** quattro pomodori

___ **C** cinque banane

___ **D** tre limoni

Kreuzen Sie unten die Wörter an, bei denen das **c** wie das deutsche *tsch* gesprochen wird.

1. ☐ francese
2. ☐ tedesco
3. ☐ come
4. ☐ undici
5. ☐ Sicilia
6. ☐ cinquanta
7. ☐ caramelle
8. ☐ ciao
9. ☐ chi

Ihnen sind nun schon einige Wörter begegnet, die ein **c** enthalten. Denken Sie daran, diese richtig auszusprechen! Lesen Sie dazu immer wieder die Ausspracheregeln auf den Seiten 6 und 7 nach.

LÖSUNG

7 **1.** venticinque; **2.** quarantaquattro; **3.** sessantanove; **4.** ventotto; **5.** ottantadue; **6.** cinquantasei • **8** 1C; 2A; 3D; 4B • **9** **1.**; **4.**; **5.**; **6.**; **8.**

il bar – die Bar, das Café

il caffè	der Espresso
il cappuccino	der Cappuccino
il tè	der Tee
l'acqua minerale	das Mineralwasser

l'aperitivo	der Aperitif
la birra	das Bier
lo spumante	der Sekt
la coca cola	die Cola

il cornetto	das Croissant
il tramezzino	das Sandwich
il panino	das (belegte) Brötchen

Che cosa desidera?
Was wünschen Sie?

Un caffè, per favore.
Einen Espresso, bitte.

Da mangiare?
Zu essen?

Prendo un cornetto.
Ich nehme ein Croissant.

il ristorante - das Restaurant 26

la pasta	die Nudeln
la carne	das Fleisch
il pesce	der Fisch
l'insalata	der Salat
il sale	das Salz
il pepe	der Pfeffer

Menù

il menù - die Speisekarte
l'antipasto - die Vorspeise
il primo - der erste Gang
il secondo - der zweite Gang
i contorni - die Beilagen
il dolce - das Dessert
la frutta - das Obst

Cosa Le porto?
Was kann ich Ihnen bringen

Vorrei gli spaghetti al pomodoro.
Ich hätte gerne die Spaghetti mit Tomatensoße.

E da bere?
Und zu trinken?

Un bicchiere di vino rosso, per favore.
Ein Glas Rotwein, bitte.

il bicchiere	das Glas
la bottiglia	die Flasche
il piatto	der Teller
il tavolo	der Tisch
le posate	das Besteck

Un bar italiano *eine italienische Bar* kann man kaum mit einer deutschen Lokalität vergleichen. Es ist kein Café und schon gar keine Kneipe. Italienische Bars sind hell und einladend, zur Straße hin offen und man findet sie an jeder Straßenecke. An der Theke trinken Italiener ihren **caffè** oder **cappuccino** gerne im Stehen oder nehmen ein kleines Frühstück zu sich. Abends trifft man sich dort mit Freunden zu einem **aperitivo** *Aperitif*.

2

In einer Bar kann man folgende Getränke bestellen. Finden Sie unten für jedes Getränk die richtige Bezeichnung.

1

2

3

4

1. **A** una birra **B** un'acqua minerale **C** una grappa
2. **A** un tè **B** un cappuccino **C** una coca cola
3. **A** un caffè **B** un tè **C** un latte macchiato
4. **A** un'acqua minerale **B** un'aranciata **C** un tè

 1

Un und **una** sind unbestimmte Artikel: **un** ist männlich, **una** weiblich. Der unbestimmte Artikel **uno** wird vor männlichen Substantiven verwendet, die mit s + Konsonant oder z, y, gn, ps beginnen: **uno spumante** *ein Sekt*. **Una** wird vor Substantiven, die mit Vokal beginnen, apostrophiert: **un'aranciata** *eine Orangenlimonade*.

Im folgenden Dialog bestellen zwei Damen etwas in einer Bar. Ergänzen Sie die beiden fehlenden unbestimmten Artikel.

● **Salve! Che cosa desiderate?**	*Hallo! Was wünschen Sie?*
■ **Per me ______ tè al limone, per favore.**	*Für mich bitte einen Tee mit Zitrone.*
◆ **E io prendo ______ latte macchiato e un cornetto con la marmellata.**	*Und ich nehme einen Latte Macchiato und ein Hörnchen mit Marmelade.*

5 28

Und was gibt es zu essen? Achten Sie auf die Artikel und machen Sie ein Kreuz vor den Begriffen, die männlich sind.

☐ **un cornetto**	*ein Hörnchen*
☐ **un tramezzino**	*ein Sandwich*
☐ **una pizzetta**	*eine kleine Pizza*
☐ **un panino**	*ein Brötchen*
☐ **un toast**	*ein Toast*
☐ **uno stuzzichino**	*ein Häppchen*

Welche Ausdrücke verwenden die beiden Damen, um etwas zu bestellen?

______________________ ______________________

LÖSUNG

2 1B; 2C; 3A; 4C • **4** un; un • **5** cornetto, tramezzino, panino, toast, stuzzichino • **6** per me; io prendo

Prendo ist die 1. Person Singular Präsens des regelmäßigen Verbs **prendere** *nehmen*. Achten Sie darauf, dass die 3. Person Einzahl und Mehrzahl sowie die 2. Person Mehrzahl eine andere Endung haben als die Verben auf **-are**.

io prendo	*ich nehme*
tu prendi	*du nimmst*
lui/lei/ Lei prende	*er/sie nimmt/ Sie nehmen*
noi prendiamo	*wir nehmen*
voi prendete	*ihr nehmt*
loro prendono	*sie nehmen*

Wenn Sie in Italien einen **caffè** bestellen, bekommen Sie automatisch einen Espresso. Möchten Sie etwas im Stehen zu sich nehmen, müssen Sie übrigens zuerst an der Kasse zahlen und dann mit dem **scontrino** *Kassenbon* zum Tresen gehen.

Mögliche Fragen, die man Ihnen in einer Bar stellt:

Che cosa desidera?	*Was wünschen Sie?*
Qualcosa da bere?	*Etwas zu trinken?*
Da mangiare?	*Zu essen?*
Desidera altro?	*Wünschen Sie noch etwas?*

9

Nur eine Antwort passt zu jeder Frage. Kreuzen Sie sie an.

1. Cosa desidera?
- ☐ **A** No, grazie.
- ☐ **B** Buongiorno!
- ☐ **C** Un caffè, per favore.

2. Qualcosa da mangiare?
- ☐ **A** Benissimo!
- ☐ **B** Per me una pizzetta.
- ☐ **C** Sono inglese.

3. E da bere?
- ☐ **A** Ciao Monica!
- ☐ **B** Un'aranciata, per favore.
- ☐ **C** Chi parla?

4. Desidera altro, signora?
- ☐ **A** No, grazie!
- ☐ **B** ArrivederLa!
- ☐ **C** No, sono di Berlino.

10

Ergänzen Sie die richtigen Formen von **prendere**.

1. Carla, tu che cosa ______________ ? – Un caffè, grazie.

2. Buongiorno, cosa desiderate? – ______________ un cappuccino e un latte macchiato.

3. E il signore cosa ______________? – Per me una birra, per favore.

4. Desidera qualcosa da mangiare? – Sì, ______________ un cornetto, grazie.

5. E voi? – No, noi ______________ solo qualcosa da bere.

LÖSUNG

9 1C; 2B; 3B; 4A • **10** **1.** prendi; **2.** prendiamo; **3.** prende; **4.** prendo; **5.** prendiamo

Lernen Sie hier einen weiteren Ausdruck, den Sie verwenden können, um etwas zu bestellen: **vorrei** *ich möchte*.

● **Buongiorno! Cosa Le posso portare?**	*Guten Tag! Was kann ich Ihnen bringen?*
■ **Come antipasto vorrei un'insalata di mare e come primo gli spaghetti al pomodoro, per favore.**	*Als Vorspeise hätte ich gerne einen Meeresfrüchtesalat und als ersten Gang Spaghetti mit Tomatensoße, bitte.*

In einem italienischen **ristorante** *Restaurant* ist es üblich, mehrere Gänge zu bestellen. Auf den **antipasto** folgt der **primo** *erster Gang*, zu dem neben Nudelgerichten auch Risotto zählt. Der **secondo** *zweiter Gang* ist ein Fleisch- oder Fischgericht. **Contorni** *Beilagen* bestellt man extra.

Nützliche Begriffe rund um das Thema Essen im Restaurant:

il menù	*die Speisekarte*
il pepe	*der Pfeffer*
il sale	*das Salz*
la carne	*das Fleisch*
il pesce	*der Fisch*
la frutta	*das Obst*
il dolce	*der Nachtisch*

Das Geschlecht eines Substantivs erkennen Sie oft an seiner Endung. Die meisten männlichen Substantive enden auf **-o**, die meisten weiblichen auf **-a.** Es gibt aber auch viele männliche und weibliche, die auf **-e** enden. Deshalb sollte man Substantive am besten gleich mit dem zugehörigen Artikel lernen!

4 § 1

Il und **la** sind bestimmte Artikel. **Il** ist die männliche Form. Beginnt das Substantiv mit s + Konsonant, z, y, gn oder ps, wird **il** zu **lo**: **lo spumante** *der Sekt*. Ist der erste Buchstabe ein Vokal, wird **l'** verwendet: **l'antipasto** *die Vorspeise.*
La ist die weibliche Form, die zu **l'** vor Substantiven wird, die mit einem Vokal beginnen: **l'insalata** *der Salat*.

5

Links stehen einige Wörter rund ums Thema Essen und Trinken mit dem unbestimmten Artikel. Schreiben Sie rechts in die Lücke den bestimmten Artikel dieser Wörter auf.

1.	una pizza	___ pizza
2.	un cornetto	___ cornetto
3.	un'acqua minerale	___ acqua minerale
4.	una birra	___ birra
5.	uno spumante	___ spumante
6.	una grappa	___ grappa
7.	un vino	___ vino
8.	un primo	___ primo
9.	un risotto	___ risotto
10.	un antipasto	___ antipasto

LÖSUNG

5 **1.** la; **2.** il; **3.** l'; **4.** la; **5.** lo; **6.** la; **7.** il; **8.** il; **9.** il; **10.** l'

Sie möchten zum Essen eine Flasche guten italienischen Rotwein bestellen? Dann sagen Sie: **Una bottiglia di vino rosso, per favore.** *Eine Flasche Rotwein, bitte*. Bei Mengenangaben benötigt man immer die Präposition **di**. *Ein Glas Wein* heißt dementsprechend: **un bicchiere di vino**. Achtung: Vor einem Vokal müssen Sie **di** apostrophieren: **un bicchiere d'acqua minerale** *ein Glas Mineralwasser*.

Schreiben Sie unter jedes Bild, was darauf abgebildet ist.

1. ____________ **2.** ____________ **3.** ____________

Um die Mehrzahl der Substantive zu bilden, ändern Sie einfach den letzten Buchstaben des Wortes. Merken Sie sich die Regel: **-o** wird **-i** (**un antipasto** - **due antipasti**); **-e** wird **-i** (**un bicchiere** - **due bicchieri**); **-a** wird **-e** (**una bottiglia** - **due bottiglie**).

Ausnahmen sind unveränderliche Substantive wie z. B. **un caffè** - **due caffè**, da sie auf einen betonten Vokal enden. Ebenso unveränderlich sind Substantive, die auf einen Konsonanten enden, wie z. B. **un toast** - **due toast**.

9

Bilden Sie die Mehrzahl der folgenden Substantive.

1. una pizza	due pizz___
2. un risotto	due risott___
3. un bicchiere d'acqua	due bicchier___ d'acqua
4. una birra	due birr___
5. una bottiglia di spumante	due bottigli___ di spumante
6. una grappa	due grapp___
7. un ristorante	due ristorant___
8. un primo	due prim___
9. un dolce	due dolc___

10

In den folgenden Dialogen fehlen ein paar Wörter. Wissen Sie welche?

1. Cosa desiderate? – Per me ___________ risotto ai funghi, per favore.

2. E Lei, signora? – Io ___________ gli spaghetti alla carbonara.

3. E da bere? – ________ bottiglia d'acqua minerale e ________ bicchiere di vino rosso, per cortesia.

LÖSUNG

7 1. una bottiglia di vino rosso; **2.** un bicchiere di birra; **3.** due bicchieri di spumante • **9 1.** pizze; **2.** risotti; **3.** bicchieri; **4.** birre; **5.** bottiglie; **6.** grappe; **7.** ristoranti; **8.** primi; **9.** dolci • **10 1.** un; **2.** vorrei / prendo; **3.** una; un

33

il negozio
das Geschäft

il supermercato
der Supermarkt

il mercato
der Markt

il negozio d'abbigliamento
das Kleidungsgeschäft

il negozio d'alimentari
das Lebensmittel-geschäft

il negozio di calzature
das Schuhgeschäft

la panetteria
die Bäckerei

il fruttivendolo
der Obst- und Gemüsehändler

la macelleria
die Metzgerei

la frutta	das Obst
le mele	die Äpfel
le pere	die Birnen
le banane	die Bananen
l'uva	die Trauben
le arance	die Orangen

la verdura	das Gemüse
le patate	die Kartoffeln
le carote	die Karotten
i pomodori	die Tomaten
le cipolle	die Zwiebeln

Mengenangaben

un chilo di	ein Kilo	**un pacchetto di**	ein Päckchen
mezzo chilo di	ein halbes Kilo	**un vasetto di**	ein Glas
un etto di	hundert Gramm		

l'abbigliamento	die Kleidung
la maglietta	das Shirt
la camicia	das Hemd
i pantaloni	die Hose
il vestito	das Kleid
la gonna	der Rock
la giacca	die Jacke

Vorrei provare questa gonna. Dove sono i camerini?
Ich würde gerne diesen Rock anprobieren. Wo sind die Umkleidekabinen?

Farben

rosso	rot	**viola**	lila
giallo	gelb	**bianco**	weiß
verde	grün	**nero**	schwarz
blu	blau	**grigio**	grau
arancione	orange	**marrone**	braun
rosa	rosa		

36

le scarpe	die Schuhe
gli stivali	die Stiefel
gli scarponi	die Wanderschuhe
i sandali	die Sandalen
gli infradito	die Flip-Flops

In Italien wird gerne im kleinen, gut sortierten *Lebensmittelladen* um die Ecke eingekauft, dem **negozio d'alimentari** oder einfach nur **alimentari**. Außerhalb der Ortschaften findet man große **supermercati** *Supermärkte*, die ebenfalls eine große Vielfalt an frischem Obst und Gemüse sowie Wurst und Fleisch anbieten. Weniger anonym geht es allerdings auf den vielen **mercati** *Märkten* und in den kleinen Fachgeschäften zu.

Schreiben Sie unter die italienischen Bezeichnungen jeweils die deutsche Übersetzung.

il fruttivendolo

1. ______________

il panettiere

2. ______________

il macellaio

3. ______________

In einem **alimentari** bekommen Sie unter anderem auch:

il pane	*das Brot*
i panini	*die Brötchen*
il burro	*die Butter*
la marmellata	*die Marmelade*

lo zucchero — *der Zucker*
le uova — *die Eier*

  38

Auf dem Markt oder bei einem **fruttivendolo** finden Sie Obst- und Gemüsesorten wie:

le mele — *die Äpfel*
le pere — *die Birnen*
le fragole — *die Erdbeeren*
l'uva — *die Trauben*
le banane — *die Bananen*
i pomodori — *die Tomaten*
le patate — *die Kartoffeln*
le carote — *die Mohrrüben*
le cipolle — *die Zwiebeln*

  39

Lernen Sie dazu auch die Mengenangaben auf Italienisch.

un pacchetto di — *ein Päckchen*
un vasetto di — *ein Glas*
un chilo di — *ein Kilo*
mezzo chilo di — *ein halbes Kilo*
un etto di — *einhundert Gramm*

> Achten Sie darauf, dass es für die Maßeinheit *100 g* die besondere Bezeichnung **un etto di** gibt! Häufig wird aber auch **cento grammi di** gesagt.

LÖSUNG

2 1. il fruttivendolo: der Obst- und Gemüsehändler; **2.** il panettiere: der Bäcker / die Bäckerei; **3.** il macellaio: der Metzger / die Metzgerei

Übersetzen Sie ins Italienische.

1. *ein Kilo Brot* ______________________
2. *fünf Bananen* ______________________
3. *vier Kilo Kartoffeln* ______________________
4. *zehn Brötchen* ______________________
5. *300 Gramm Erdbeeren* ______________________
6. *ein Glas Marmelade* ______________________
7. *ein halbes Kilo Zwiebeln* ______________________

Zum bestimmten Artikel merken Sie sich folgendes: **il** wird in der Mehrzahl zu **i**: **il panino** – **i panini**; **lo** und **l'** zu **gli**: **lo spumante** – **gli spumanti**, **l'antipasto** – **gli antipasti**. Die weiblichen Formen **la** und **l'** zu **le**: **la patata** – **le patate**.

Sie möchten wissen, ob es in der Nähe ein bestimmtes Geschäft gibt? Fragen Sie einfach einen Einheimischen:

Scusi, c'è un macellaio qui vicino?	*Entschuldigen Sie bitte, gibt es hier in der Nähe einen Metzger?*

Scusi heißt *Entschuldigung* und wird auch verwendet, um die Aufmerksamkeit einer Person auf sich zu ziehen.

  41

Sie könnten Antworten erhalten wie:

Sì, vede là in fondo?	*Ja, sehen Sie dort hinten?*
Sì, vede là dall'altra parte della strada?	*Ja, sehen Sie dort auf der anderen Straßenseite?*
Giri a destra/sinistra.	*Biegen Sie rechts/links ab.*
Poi vada dritto per 200 metri.	*Dann gehen Sie 200 Meter geradeaus.*

Finden Sie den fehlenden bestimmten Artikel in der Einzahl oder in der Mehrzahl.

1. ___ banana	le banane
2. ___ pomodoro	i pomodori
3. il supermercato	___ supermercati
4. la marmellata	___ marmellate
5. ___ cipolla	le cipolle
6. l'antipasto	___ antipasti

Übrigens ist das Substantiv **le uova** eine Ausnahme. Es ist in der Mehrzahl weiblich, aber in der Einzahl männlich: **l'uovo**.

LÖSUNG

6 1. un chilo di pane; **2.** cinque banane; **3.** quattro chili di patate; **4.** dieci panini; **5.** tre etti/trecento grammi di fragole; **6.** un vasetto di marmellata; **7.** mezzo chilo di cipolle • **10 1.** la; **2.** il; **3.** i; **4.** le; **5.** la; **6.** gli

Nützliche Sätze und Fragen, die Sie in einem Kleidungsgeschäft an einen Verkäufer richten können, sind:

È troppo piccolo/grande.	*Das ist zu klein/groß.*
C'è anche di un altro colore?	*Gibt es das auch in einer anderen Farbe?*
C'è anche più piccolo/grande?	*Gibt es das auch kleiner/größer?*
Dove sono i camerini?	*Wo sind die Umkleidekabinen?*

Lernen Sie einige Bezeichnungen für Kleidungsstücke:

la gonna	*der Rock*
la maglietta	*das T-Shirt*
il vestito	*das Kleid*
la camicia	*das Hemd*
la giacca	*die Jacke*
il cappotto	*der Mantel*

Ordnen Sie den Bildern die richtige Beschreibung zu!

1

2

3

4

____ **A** una gonna ____ **B** un vestito

____ **C** una maglietta ____ **D** una giacca

  3  44

Die wichtigsten Farben auf Italienisch sind:

rosso	*rot*
giallo	*gelb*
verde	*grün*
blu	*blau*
arancione	*orange*
rosa	*rosa*
viola	*lila*
bianco	*weiß*
nero	*schwarz*
grigio	*grau*
marrone	*braun*

Die Endung **-o** der Adjektive verändert sich in der Regel zu **-a**, wenn das Substantiv weiblich ist: **il vestito rosso** *das rote Kleid*; **la gonna rossa** *der rote Rock*. Adjektive, die auf **-e** enden, haben nur eine Form: **il cappotto marrone** *der braune Mantel;* **la giacca marrone** *die braune Jacke.*

Achtung! **Blu**, **rosa** und **viola** zählen zu den Ausnahmen. Es sind unveränderliche Farbadjektive.

Finden Sie richtige Endung des jeweiligen Farbadjektivs!

1. la maglietta ross___
2. il cappotto bianc___
3. la camicia bianc___
4. il vestito giall___
5. la gonna arancion___
6. il cappotto verd___

LÖSUNG

3 1C; 2D; 3B; 4A • **5** **1.** rossa; **2.** bianco; **3.** bianca; **4.** giallo; **5.** arancione; **6.** verde

45

Diesen kleinen Dialog könnten Sie in einem italienischen Schuhgeschäft hören:

• **Buongiorno. Mi piacciono queste scarpe marroni. Ma sono troppo piccole.**	*Guten Tag. Diese braunen Schuhe gefallen mir, aber sie sind zu klein.*
▪ **Che numero porta?**	*Welche Größe tragen Sie?*
• **40.**	*40.*
▪ **Ecco! Le vuole provare?**	*Hier bitte. Möchten Sie sie anprobieren?*
• **Sì, grazie.**	*Ja, bitte.*

46

Le scarpe heißen also *die Schuhe*. Lernen Sie noch ein paar Bezeichnungen für bestimmte Schuharten.

gli stivali	*die Stiefel*
i sandali	*die Sandalen*
gli infradito	*die Flip-Flops*
i mocassini	*die Slipper*
gli scarponi	*die Wanderschuhe*

Ein Paar Schuhe heißt auf Italienisch übrigens **un paio di scarpe**, *ein Paar Stiefel* dementsprechend **un paio di stivali** usw.

3

Wie Sie bereits bei den Länderadjektiven sehen konnten, verändert sich die Endung der Adjektive genauso wie die der Substantive in der Mehrzahl: **a** wird **e**: **la gonna rossa** – **le gonne rosse**; **o** wird **i**: **il cappotto nero** – **i cappotti neri**; **e** wird **i**: **il vestito marrone – i vestiti marroni**.

9

Questo *diese/dieser/dieses* verwenden Sie, wenn Sie auf Personen oder Dinge in Ihrer Nähe hinweisen möchten. Es steht vor dem Substantiv und seine Endung wird wie ein Adjektiv angeglichen: **questo vestito**, **questa gonna**, **questi stivali**, **queste scarpe**.

Vervollständigen Sie die Sätze mit der richtigen Form von **questo**.

1. Mi piacciono ______________ scarpe rosse.

2. ______________ stivali marroni sono bellissimi!

3. Vorrei ______________ camicia bianca, per favore.

4. Prendo ______________ gonna nera.

5. ______________ sandali sono troppo piccoli.

11

Um auszudrücken, dass Ihnen etwas gefällt, sagen Sie einfach: **mi piace**, wenn Sie sich auf ein Substantiv in der Einzahl beziehen und **mi piacciono**, wenn das Substantiv in der Mehrzahl steht. Fügen Sie unten die richtigen Formen ein:

1. Mi ______________ questa maglietta arancione.

2. Mi ______________ questi mocassini.

3. Mi ______________ queste scarpe italiane.

LÖSUNG

10 1. queste ; **2.** Questi ; **3.** questa ; **4.** questa ; **5.** Questi •

11 1. piace; **2.** piacciono; **3.** piacciono

prenotare	reservieren
l'appartamento	die (Ferien-)wohnung
l'albergo/l'hotel	das Hotel
la camera	das Zimmer
il letto	das Bett
la cucina	die Küche
il bagno	das Bad
l'aria condizionata	die Klimaanlage
il riscaldamento	die Heizung
il televisore	der Fernseher

viaggiare in macchina / treno / aereo	mit dem Auto / Zug / Flugzeug reisen
prendere l'autobus	den Bus nehmen
andare a piedi	zu Fuß gehen
andare in bicicletta	mit dem Fahrrad fahren
la stazione	der Bahnhof
il biglietto	die Fahrkarte
i bagagli	das Gepäck

il lago	der See
fare il bagno	baden
prendere il sole	sich sonnen
nuotare	schwimmen
fare wind-surf	windsurfen
fare una passeggiata	einen Spaziergang machen
il paesaggio	die Landschaft

48

Buongiorno, vorrei prenotare un appartamento per una famiglia di cinque persone.

Abbiamo un appartamento con tre camere da letto, una cucina e un bagno.

Perfetto. Ci sono anche l'aria condizionata e il televisore?

Sì, certamente.

Mi sa dire come poter arrivare all'appartamento? Non viaggiamo in macchina, ma in treno.

Allora Le consiglio di prendere l'autobus.
Dann empfehle ich Ihnen den Bus zu nehmen.

Ok, grazie. E nel tempo libero che sport possiamo fare?

Potete andare a fare il bagno nel lago. Si può anche fare wind-surf. Oppure potete fare delle belle passeggiate, a piedi o in bicicletta.

Che bello! Grazie mille.

Die einen bevorzugen den Aufenthalt **in un albergo/hotel** *in einem Hotel*, die anderen **in un appartamento** *in einer Ferienwohnung.* Wer die Nähe zur Gastfamilie sucht, verbringt den Urlaub auf dem Lande gerne in einem **agriturismo**. Folgende Möbelstücke dürfen in keiner Unterkunft fehlen:

il letto	*das Bett*
l'armadio	*der Schrank*
il comodino	*das Nachtschränkchen*
il tavolo	*der Tisch*
la sedia	*der Stuhl*

Agriturismo – Dieser Begriff wird häufig mit Ferien auf dem Bauernhof übersetzt. Das ist aber nicht ganz richtig, denn in den wenigsten Agriturismo-Betrieben gibt es Tiere. Es handelt sich meist um liebevoll restaurierte alte Landhäuser oder Gutshöfe, oft sogar mit Swimmingpool und wunderschönen Gartenterrassen. In manchen kann man sich noch von der **nonna** *der Oma* bekochen lassen. **La verdura** *das Gemüse* kommt dann natürlich ganz frisch aus dem eigenen Garten!

3 

Vielleicht möchten Sie dem Vermieter einer Ferienwohnung folgende Fragen stellen:

C'è il televisore?	*Gibt es einen Fernseher?*
C'è il telefono?	*Gibt es ein Telefon?*
C'è l'aria condizionata?	*Gibt es eine Klimaanlage?*
C'è la cabina doccia?	*Gibt es eine Duschkabine?*
C'è la vasca da bagno?	*Gibt es eine Badewanne?*
Ci sono le lenzuola?	*Gibt es Bettwäsche?*

Es gibt wird im Italienischen ausgedrückt mit **c'è** + Substantiv im Singular: **In bagno c'è il bidet**. *Im Bad gibt es ein Bidet.* Bei einem Substantiv in der Mehrzahl und bei der Aufzählung mehrerer Personen/Gegenstände nimmt man **ci sono:** **In camera ci sono tre letti**. *Im Zimmer gibt es drei Betten.*

4

C'è oder **ci sono**?

1. In camera ____________ due comodini.
2. Nell'appartamento ____________ quattro letti.
3. In bagno ____________ la cabina doccia.
4. In camera ____________ un tavolo e una sedia.
5. ____________ un televisore in camera?
6. Sì signora, in camera ____________ anche l'aria condizionata.

LÖSUNG

4 **1.** ci sono; **2.** ci sono; **3.** c'è; **4.** ci sono; **5.** C'è; **6.** c'è

Auch im Urlaub können Dinge schiefgehen. Sollte ein Gerät nicht funktionieren, wenden Sie sich an Ihren Vermieter oder den **portiere** *Portier* des Hotels und sagen: **Senta, ... non funziona**. *Hören Sie, ... funktioniert nicht.* Sollten Sie etwas benötigen, wie etwa ein zusätzliches Kissen oder eine Decke: **Scusi, posso avere un altro ...** + männliches Substantiv/ **un'altra ...** + weibliches Substantiv *Entschuldigung, könnte ich noch ein/eine ... haben?*

Formulieren Sie nun mit Hilfe der Bezeichnungen unter den Bildern jeweils einen Satz. Die ersten beiden abgebildeten Gegenstände funktionieren nicht. Den letzten möchten Sie gerne haben.

la lampada

il riscaldamento

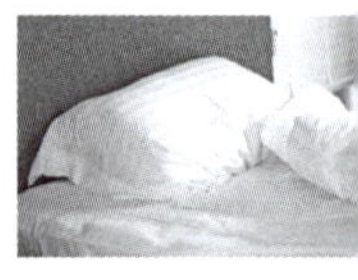

il cuscino

1. ____________________

2. ____________________

3. ____________________

Weitere nützliche Begriffe rund ums Thema Unterkunft sind:

prenotare	*reservieren*
la camera singola	*das Einzelzimmer*
la camera doppia	*das Doppelzimmer*
il pernottamento	*die Übernachtung*
la colazione	*das Frühstück*
mezza pensione	*Halbpension*
pensione completa	*Vollpension*
la piscina	*der Swimming-Pool*
il balcone	*der Balkon*
il parcheggio	*der Parkplatz*

8 52

Fügen Sie die fehlenden italienischen Wörter in den Dialog ein.

● **Pronto?**	*Hallo?*
■ **Buonasera. Vorrei ________ ________________ ________________.**	*Guten Abend, ich würde gerne ein Einzelzimmer reservieren.*
● **Per quante notti?**	*Für wie viele Nächte?*
■ **________ notti. Dal 7 al 14 luglio.**	*Sieben Nächte. Vom 7. bis 14. Juli.*
● **Mezza ____________ o pensione ____________?**	*Halbpension oder Vollpension?*
■ **Solo ____________ con prima ____________, se possibile.**	*Nur Übernachtung mit Frühstück, wenn möglich.*
● **Sì certo, signora.**	*Ja, aber sicher.*

LÖSUNG

6 1. Senta, la lampada non funziona.; **2.** Senta, il riscaldamento non funziona.; **3.** Scusi, posso avere un altro cuscino, per favore? • **8** prenotare una camera singola; sette; pensione; completa; pernottamento; colazione

Mögliche Arten der Fortbewegung sind:

andare a piedi	*zu Fuß gehen*
andare in macchina	*mit dem Auto fahren*
viaggiare in treno	*mit dem Zug reisen*
viaggiare in aereo	*mit dem Flugzeug reisen*
prendere l'autobus	*den Bus nehmen*
andare in tram	*mit der Straßenbahn fahren*
andare in bicicletta	*mit dem Fahrrad fahren*

Wie Sie sehen können, wird das Verb **andare** *gehen, fahren* oft gebraucht, um die Art der Fortbewegung zu beschreiben. Die Präsensformen dieses unregelmäßigen Verbs sind:

io vado	*ich gehe*
tu vai	*du gehst*
lui/lei/Lei va	*er/sie geht/Sie gehen*
noi andiamo	*wir gehen*
voi andate	*ihr geht*
loro vanno	*sie gehen*

Denken Sie daran: Im Italienischen wird der Buchstabe **v** nie wie e „*f*" gesprochen, sondern immer wie ein „*w*". Merken Sie sich einfach die Ausspracł von **vespa** *Wespe*.

3

Finden Sie rechts die Übersetzungen der Sätze links.

1. Lei va in macchina.	___ A *Nimmst du den Zug?*
2. Io vado a piedi.	___ B *Ich reise mit dem Zug.*
3. Prendi il treno?	___ C *Fahrt ihr mit dem Auto?*
4. Viaggio in treno.	___ D *Sie fährt mit dem Auto.*
5. Andate in macchina?	___ E *Ich gehe zu Fuß.*

Fahrkarten für den Stadtbus sind in *Tabakwarenläden* **tabacchi** oder an einem *Zeitungskiosk* **edicola** erhältlich, nicht jedoch beim Busfahrer. Denken Sie daran, die *Fahrkarten* **biglietti** im Bus zu entwerten, denn auch Touristen müssen hohe Strafen zahlen, wenn sie das vergessen.

55

Hilfreich ist es, folgende Fragen zu kennen:

Quale autobus va in centro?	*Welcher Bus fährt ins Zentrum?*
Quando parte il prossimo autobus?	*Wann fährt der nächste Bus?*
Mi può dire quando devo scendere?	*Können Sie mir sagen, wann ich aussteigen muss?*
Permesso?	*Darf ich bitte vorbei?*
Posso?	*Darf ich?*

LÖSUNG

3 1D; 2E; 3A; 4B; 5C

Vervollständigen Sie die Sätze unten mit der richtigen Form de
Verbs in Klammern und dem abgebildeten Transportmittel.

1. Maria ______________ (andare) sempre ______________.
2. Io ______________ (andare) in Italia ______________.
3. E tu ______________ (prendere) ______________?
4. Noi ______________ (andare) a Roma ______________.

Nützlicher Wortschatz für eine Reise mit dem Zug:

la stazione — *der Bahnhof*
il binario — *das Gleis*
il biglietto — *die Fahrkarte*
di prima classe — *erster Klasse*
di seconda classe — *zweiter Klasse*
solo andata — *nur Hinfahrt*
andata e ritorno — *Hin- und Rückfahrt*
il supplemento — *der Zuschlag*
la valigia — *der Koffer*
i bagagli — *das Gepäck*

8

In jeder Reihe ist ein Wort, das nicht zu den anderen passt!

1. ☐ **A** il treno ☐ **B** la macchina ☐ **C** il tram ☐ **D** i piedi

2. ☐ **A** la valigia ☐ **B** la bicicletta ☐ **C** la stazione ☐ **D** il biglietto

3. ☐ **A** il biglietto ☐ **B** l'andata ☐ **C** l'edicola ☐ **D** il ritorno

4. ☐ **A** l'aereo ☐ **B** l'autobus ☐ **C** la macchina ☐ **D** la vespa

9

Nach den Abfahrts- und Ankunftszeiten fragen Sie mit **A che ora parte/arriva?** *Um wie viel Uhr fährt er ab/kommt er an?* Die Antwort beginnt mit **alle** *um* + Uhrzeit, z. B. **Alle undici e trentacinque**. *Um elf Uhr fünfunddreißig.*

A che ora parte il treno? Schreiben Sie auf, um wie viel Uhr der Zug abfährt.

1. ______________ **2.** ______________ **3.** ______________

______________ ______________ ______________

LÖSUNG

6 1. va; in bicicletta; **2.** vado; in aereo; **3.** prendi; il treno; **4.** andiamo; in macchina • **8** 1D; 2B; 3C; 4A • **9 1.** Alle otto e quaranta.; **2.** Alle sette e ventisette.; **3.** Alle dieci e trenta.

Le vacanze al mare *die Ferien am Meer* oder **al lago** *am See* zählen wohl zu den schönsten und beliebtesten Arten, den Sommerurlaub zu verbringen. Man kann wunderbar:

riposare	*ausruhen*
prendere il sole	*sich sonnen*
fare il bagno	*baden*
nuotare	*schwimmen*
fare vela	*segeln*
fare una passeggiata	*einen Spaziergang machen*

Lernen Sie die Formen des wichtigen Verbs **fare** *machen, tun.*

io faccio	*ich mache*	**noi facciamo**	*wir machen*
tu fai	*du machst*	**voi fate**	*ihr macht*
lui/lei/ Lei fa	*er/sie/macht/Sie machen*	**loro fanno**	*sie machen*

Cosa fanno? Was tun diese Personen? Verwenden Sie **fare**.

1. ____________ 2. ____________ 3. ____________

Sehr viele lieben es, während des Sommerurlaubs inmitten der Natur zu wohnen. In Italien gibt es viele wunderschöne **campeggi** *Campingplätze*. Hier benötigt man:

una tenda	*ein Zelt*
una roulotte	*ein Wohnwagen*
un camper	*ein Wohnmobil*
una piazzola	*ein Stellplatz*
un sacco a pelo	*ein Schlafsack*
l'acqua potabile	*Trinkwasser*

Verbinden Sie die Antworten mit der jeweils passenden Frage.

1. Voi cosa fate in vacanza?	___	**A** Sì, mi piace molto!
2. Tu vai in un campeggio?	___	**B** No. Abbiamo una roulotte.
3. Ti piace il mare?	___	**C** Al Lago Maggiore, e tu?
4. Voi avete un camper?	___	**D** Facciamo vela.
5. Dove andate in vacanza?	___	**E** No! Io vado in albergo.

Finden Sie unten acht Wörter, die etwas mit Ferien zu tun haben.

l o s v e r s g n b r o u l o t t e g l z t t s o l e m v b s r
c z c a m p e r b v e q v e l a u i n u o t a r e s p o r s
m a r e t r i f g s l a g o n v h p p b a g n o s c h r l

LÖSUNG

3 1. Fanno una passeggiata.; **2.** Fanno il bagno.; **3.** Fanno vela. • **5** 1D; 2E; 3A; 4B; 5C • **6** roulotte; sole; camper; vela; nuotare; mare; lago; bagno

 60

Am Strand benötigen Sie:

la crema solare	*die Sonnencreme*
l'asciugamano	*das Handtuch*
la ciabatta da mare	*der Badeschlappen*
il lettino	*die Liege*
la sdraio	*der Liegestuhl*
l'ombrellone	*der Sonnenschirm*

> Denken Sie daran: Wenn auf die Buchstaben **sc** ein **i** oder **e** folgen, spricht ma sie wie das deutsch *„sch"* in *„schön"*.

Natürlich kann man an heißen Sommertagen kaum einem italienischen *Eis*, einem **gelato,** widerstehen. Einen solchen Minidialog könnten Sie in einer **gelateria** *Eisdiele* hören:

● **Buongiorno, vorrei un gelato alla fragola.**	*Guten Tag. Ich hätte gern ein Erdbeereis.*
■ **Cono o coppetta?**	*Waffel oder Becher?*
● **Cono, grazie.**	*Waffel, danke.*

Schönes Wetter wünscht man sich natürlich ganz besonders in den Ferien. Auch um das Wetter zu beschreiben, verwendet man das wichtige Verb **fare**:

Che tempo fa?	*Wie ist das Wetter?*
Fa freddo.	*Es ist kalt.*
Fa caldo.	*Es ist warm.*

> *Kalt* und **caldo** sind sogenannte „falsche Freunde". Sie haben in diesem Falle soga genau die entgegengesetzte Bedeutung: **caldo** = *warm!*

10

Andere Formulierungen zum Wetter sehen Sie hier unten.

Il tempo è bello.

È un po' nuvoloso.

Piove.

1. ______________ **2.** ______________ **3.** ______________

Finden Sie die jeweils passende deutsche Entsprechung:

Es regnet. / Das Wetter ist schön. / Es ist ein bisschen bewölkt.

11

Zum Thema Sommerferien nun einige Sätze, die es zu vervollständigen gilt.

1. Laura, che tempo ______________ in Italia? – Fa caldo.

2. Buongiorno, vorrei un ______________ alla stracciatella.

3. Dove vai in ______________? – Al mare, e tu?

4. Al mare è bello prendere il ______________.

5. Vai in albergo? – No! Vado in un ______________!

6. Che tempo fa? – È un ______________ nuvoloso.

7. Al mare riposo, prendo il sole e faccio il ______________.

LÖSUNG

10 **1.** Das Wetter ist schön.; **2.** Es ist ein bisschen bewölkt.; **3.** Es regnet. •
11 **1.** fa; **2.** gelato; **3.** vacanza; **4.** sole; **5.** campeggio; **6.** po'; **7.** bagno

Wer in seinen Ferien sportlich aktiv sein will, findet hierfür in Italien ideale Voraussetzungen. Ob Segeln oder Surfen auf einem der zahlreichen Seen oder Mountainbike fahren in wunderschöner Landschaft, sportliche Urlauber haben die Qual der Wahl. Hier die Bezeichnungen einiger Sportarten:

fare escursionismo	*wandern*
fare ciclismo	*Radsport betreiben*
fare mountain bike	*Mountainbike fahren*
fare wind-surf	*windsurfen*
fare immersioni	*tauchen*
fare sci nautico	*Wasserski fahren*

Vervollständigen Sie die Sätze unter den Bildern mit der richtigen Form von **fare** und der Sportart.

1. Loro ______________________.

2. Marco ______________________.

3. Noi ______________________.

4. Luigi ______________________.

3

Lernen Sie Wortschatz zum Thema **in montagna** *im Gebirge* und fügen Sie die korrekten Zahlen/Artikel und Mehrzahlformen der Adjektive/Substantive in die Lücken ein.

uno zaino pesante	*ein schwerer Rucksack*
______________________	*drei schwere Rucksäcke*
un sentiero ripido	*ein steiler Wanderweg*
______________________	*fünf steile Wanderwege*
il paesaggio stupendo	*die herrliche Landschaft*
______________________	*die herrlichen Landschaften*
il bosco fitto	*der dichte Wald*
______________________	*die dichten Wälder*
una panchina comoda	*eine bequeme Bank*
______________________	*zwei bequeme Bänke*

Achten Sie auf die Stellung der Adjektive im Italienischen.

4

Ergänzen Sie die fehlenden Präpostitionen: **in** oder **al**?

1. La signora Guzzi va sempre ______ mare ______ vacanza.
2. Carlo va ______ albergo, Marco va ______ campeggio.
3. Io vado ______ Lago Maggiore a fare windsurf, e tu?
4. Io vado ______ montagna a fare escursionismo.

LÖSUNG

2 **1.** fanno wind-surf; **2.** fa immersioni; **3.** facciamo escursionismo; **4.** fa mountain bike • **3** tre zaini pesanti; cinque sentieri ripidi; i paesaggi stupendi; i boschi fitti; due panchine comode • **4** **1.** al; in; **2.** in; in; **3.** al; **4.** in

Genießen Sie beim Wandern die Landschaft und die Natur:

il prato	*die Wiese*
il ruscello	*der Bach*
il fiume	*der Fluss*
la cascata	*der Wasserfall*
gli alberi	*die Bäume*
i fiori	*die Blumen*

Bewunderung drückt man auf Italienisch unter anderem so aus:

Che bello! / Che bella!	*Wie schön!*
Che meraviglia!	*Wie wunderschön!*
Che paesaggio fantastico!	*Was für eine fantastische Landschaft!*

Diese Dame beschreibt begeistert ihre Umgebung. Vervollständigen Sie den Text mit den untenstehenden Begriffen.

Che ________________! Questo ________________ è stupendo!

Che prati ________________! Che bosco ________________! È ideale

per fare ________________! E questa ________________ è fantastica!

verdi • escursionismo • paesaggio • cascata • meraviglia • fitto

Auch Liebhaber von winterlichen Sportaktivitäten kommen in Italien nicht zu kurz. Gut zu wissen, wie einige Wintersportarten auf Italienisch heißen.

sciare	*Ski fahren*
fare sci di fondo	*Langlaufen*
fare pattinaggio su ghiaccio	*Schlittschuh laufen*
fare snowboard	*Snowboard fahren*
andare in slitta	*Schlitten fahren*

Mit Hilfe der Ausdrücke für Wintersportarten können Sie nun den Bildern die richtige Beschreibung zuordnen.

____ **A** gli sci

____ **B** la slitta

____ **C** i pattini

____ **D** gli scarponi

Wenn eine italienische Familie für einige Tage den Urlaub im Schnee verbringt, bezeichnet sie das als **fare la settimana bianca**, wörtlich: *die weiße Woche machen*. Junge Italiener fahren gerne mit Freunden **per il fine settimana** *übers Wochenende* oder einfach nur für einen Sonntag ins nächstgelegene Skigebiet.

LÖSUNG

7 meraviglia; paesaggio; verdi; fitto; escursionismo; cascata •

9 1C; 2A; 3D; 4B

67

le attrazioni turistiche
die Sehenswürdigkeiten

la piazza	die Piazza
la chiesa	die Kirche
il duomo	der Dom
il castello	das Schloss
la torre	der Turm
il teatro	das Theater
il museo	das Museum
la fontana	der Brunnen
la statua	die Statue
il centro storico	die Altstadt

l'ufficio postale - das Postamt
il pacco - das Paket
la lettera - der Brief
la cartolina - die Postkarte
il francobollo - die Briefmarke
la banca - die Bank
il bancomat - der Geldautomat
la carta di credito - die Kreditkarte
prelevare - abheben

 68

Scusi, mi sa dire dove posso trovare la farmacia?
Entschuldigen Sie, können Sie mir sagen, wo ich eine Apotheke finde?

Deve girare a sinistra e poi sempre diritto. Dopo la banca sulla destra trova la farmacia.

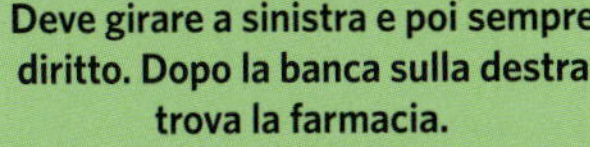

Sie müssen links abbiegen und dann immer geradeaus laufen. Nach der Bank auf der rechten Seite ist die Apotheke.

 69

la strada	die Straße
il traffico	der Verkehr
la coda	der Stau
la deviazione	die Umleitung
lavori in corso	die Bauarbeiten
il semaforo	die Ampel
le strisce pedonali	der Zebrastreifen
il distributore	die Tankstelle
fare benzina	tanken

In Italiens Städten wird es dem Besucher nicht langweilig. Es gibt zahlreiche Sehenswürdigkeiten zu besichtigen.

la piazza	*die Piazza*
la chiesa	*die Kirche*
il duomo	*der Dom*
il castello	*das Schloss*
la torre	*der Turm*
il teatro	*das Theater*
l'anfiteatro	*das Amphitheater*
la fontana	*der Brunnen*
la statua	*die Statue*

Den Mittelpunkt jeder Stadt Italiens bildet eine **piazza**; in größeren Städten gibt es gleich mehrere davon. Hier treffen sich Menschen aller Altersgruppen. Man redet über das Wetter, flaniert oder isst an warmen Abenden ein Eis. Kinder springen umher, Rentner spielen an einem Tisch Karten und Einheimische wie Touristen genießen die lebendige Atmosphäre und dieses **dolce far niente**, *das süße Nichtstun*.

  71

Lernen Sie die italienischen Bezeichnungen für le **quattro stagioni** *die vier Jahreszeiten*.

la primavera	*der Frühling*
l'estate	*der Sommer*
l'autunno	*der Herbst*
l'inverno	*der Winter*

Verwechseln Sie nicht das Wort **stagioni** *Jahreszeiten* mit **stazioni** *Bahnhöfe*. Das Bestellen einer „Pizza mit vier Bahnhöfen" würde den Kellner sicher amüsieren.

Im Gegensatz zum Deutschen sind im Italienischen die „warmen" Jahreszeiten weiblich.

Che cos'è? *Was ist das?* Ordnen Sie den Sehenswürdigkeiten die richtige Beschreibung zu.

1

2

3

4

___ **A** È un castello.

___ **B** È una torre.

___ **C** È un balcone.

___ **D** È una statua.

Wissen Sie noch, was *warm* und *kalt* auf Italienisch heißt?

In estate fa ____________ e in inverno fa ____________.

LÖSUNG

4 1C; 2D; 3A; 4B • **5** caldo; freddo

Italiener sind gerne und oft mit dem Auto unterwegs. In den Städten ist dementsprechend viel Verkehr. Lernen Sie Wortschatz aus dem Bereich Stadt und Verkehr.

la strada	*die Straße*
l'autostrada	*die Autobahn*
la galleria	*der Tunnel*
il traffico	*der Verkehr*
la coda	*der Stau*
la deviazione	*die Umleitung*
il semaforo	*die Ampel*
il segnale stradale	*das Verkehrsschild*
le strisce pedonali	*der Zebrastreifen*
la zona pedonale	*die Fußgängerzone*
il distributore	*die Tankstelle*
fare benzina	*tanken*

Finden Sie in jeder Reihe ein Wort, das nicht zu den anderen passt!

1. **A** la chiesa **B** la macchina **C** il castello **D** il duomo
2. **A** la statua **B** il segnale **C** il semaforo **D** la strada
3. **A** la galleria **B** la strada **C** il distributore **D** la gonna
4. **A** la primavera **B** l'inverno **C** la piazza **D** l'autunno
5. **A** il traffico **B** la deviazione **C** la benzina **D** la coda
6. **A** la stazione **B** la stagione **C** l'inverno **D** l'estate

8

Was ist hier abgebildet? Schreiben Sie das Wort darunter.

1. ____________ 2. ____________ 3. ____________

  73

Ergänzen Sie den Dialog mit den fehlenden italienischen Wörtern. Eines der Wörter haben Sie in Lektion 6 gelernt.

• **__________, mi sa dire come arrivare alla __________?**	*Entschuldigen Sie, können Sie mir sagen, wie man zum Bahnhof kommt?*
▪ **Per andare alla __________ deve seguire questa __________ fino al __________. Poi deve girare a __________. Deve andare sempre dritto, passare davanti a una __________. Dopo la chiesa a destra c'è la __________.**	*Um zum Bahnhof zu kommen, müssen Sie dieser Straße bis zur Tankstelle folgen. Dann müssen Sie rechts abbiegen. Sie müssen immer geradeaus gehen, an einer Kirche vorbei. Nach der Kirche ist rechts der Bahnhof.*
• **Grazie mille!**	*Vielen Dank!*

LÖSUNG

7 1B; 2A; 3D; 4C; 5C; 6A • **8** **1.** il semaforo; **2.** le strisce pedonali; **3.** il segnale stradale • **9** Scusi; stazione; stazione; strada; distributore; destra; chiesa; stazione

In Italien gibt es inzwischen kaum noch **cabine telefoniche** *Telefonzellen*, weil fast jeder Italiener ein **cellulare** *Handy* bzw. **smartphone** *Smartphone* besitzt. 2012 wurde die erste **cabina intelligente** in Turin eingesetzt, die einen Internetzugang hat und eine Ladestation für E-Bikes und E-Roller bietet. Wenn Sie übrigens sagen wollen, dass Sie mit Ihrem Handy keinen Empfang haben, heißt das: **Non c'è campo.**

Sagen Sie beim Kauf einer Briefmarke:

Scusi, quanto costa un francobollo per una lettera per l'estero?	*Entschuldigung, wie viel kostet eine Briefmarke für einen Brief ins Ausland?*
65 centesimi, fino a 20 grammi.	*65 Cent, bis 20 Gramm.*
Vorrei un francobollo per una cartolina per l'estero.	*Ich hätte gerne eine Briefmarke für eine Postkarte ins Ausland.*

Seit es die *Expresspost* **posta prioritaria** gibt, erreichen die Briefe und Postkarten aus Italien äußerst schnell ihr Ziel im europäischen Ausland.

  75

Weitere nützliche Begriffe zum Thema Post und Telefonieren:

l'ufficio postale	*das Postamt*
lo sportello	*der Schalter*
il pacco	*das Paket*
la buca delle lettere	*der Briefkasten*
scrivere	*schreiben*
spedire	*absenden*
chiamare	*anrufen*
la chiamata per l'estero	*das Auslandsgespräch*
occupato	*besetzt*
il prefisso	*die Vorwahl*

Ergänzen Sie die Sätze unter den Bildern.

1. Questo è ____________.

2. Lui scrive una ____________.

3. Lei ____________ un'amica.

4. Questa è ____________.

LÖSUNG

4 1. un pacco; **2.** lettera; **3.** chiama; **4.** una cartolina

Das Verb **scrivere** *schreiben* ist regelmäßig. Fügen Sie die fehlenden Präsensformen ein.

io ______	*ich schreibe*	**noi** ______	*wir schreiben*
tu scrivi	*du schreibst*	**voi scrivete**	*ihr schreibt*
lui/lei/Lei ______	*er/sie schreibt/ Sie schreiben*	**loro** ______	*sie schreiben*

Vom **bancomat** *Bankautomaten* können Sie mit Ihrer EC- oder Kreditkarte problemlos Geld abheben. Bargeldlose Zahlungsmethoden mit EC- oder Kreditkarte sind vor allem in Großstädten und touristischen Zentren weit verbreitet. Vielerorts ist auch das Bezahlen mit dem Smartphone möglich.

Lernen Sie diesen kleinen Wortschatz rund ums Thema Geld:

i soldi	*das Geld*
l'euro	*der Euro*
prelevare	*abheben*
la carta di credito	*die Kreditkarte*
pagare in contanti	*bar bezahlen*
pagare con il bancomat	*mit der EC-Karte bezahlen*

8

Vervollständigen Sie die folgenden Sätze.

1. Le schede telefoniche ci sono da 5, 10, 15 e 20 ____________.
2. Non ho soldi, pago con la carta di ____________________.
3. Il francobollo ____________________ 65 centesimi.
4. Il ____________________ della Germania è 0049.
5. ____________________ costa questa cartolina?
6. Scusi, mi sa dire dov'è l'ufficio ____________________?
7. La buca delle ____________________ in Italia è rossa.

9

Nur eine Reaktion passt. Welche? Kreuzen Sie sie an.

1. Quanto costa?
   - ☐ **A** Buongiorno!
   - ☐ **B** Che bello!
   - ☐ **C** 65 centesimi.
2. Cosa desidera?
   - ☐ **A** Fa caldo.
   - ☐ **B** Un francobollo.
   - ☐ **C** Sì.
3. Dov'è un bancomat?
   - ☐ **A** È là, in fondo, a destra.
   - ☐ **B** 30 euro.
   - ☐ **C** Vado al mare.
4. Paga con la carta di credito?
   - ☐ **A** Grazie!
   - ☐ **B** Un chilo, per favore.
   - ☐ **C** Sì!

LÖSUNG

5 io scrivo; lui/lei/Lei scrive; noi scriviamo; loro scrivono • **8** **1.** euro; **2.** credito; **3.** costa; **4.** prefisso; **5.** Quanto; **6.** postale; **7.** lettere • **9** 1C; 2B; 3A; 4C

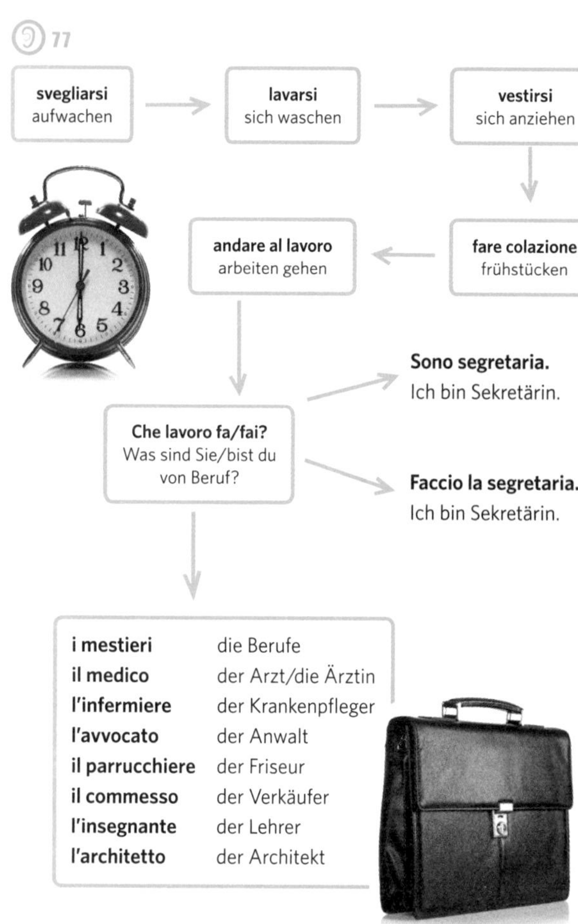
77
svegliarsi
aufwachen
lavarsi
sich waschen
vestirsi
sich anziehen
fare colazione
frühstücken
andare al lavoro
arbeiten gehen
Che lavoro fa/fai?
Was sind Sie/bist du von Beruf?
Sono segretaria.
Ich bin Sekretärin.
Faccio la segretaria.
Ich bin Sekretärin.
i mestieri — die Berufe
il medico — der Arzt/die Ärztin
l'infermiere — der Krankenpfleger
l'avvocato — der Anwalt
il parrucchiere — der Friseur
il commesso — der Verkäufer
l'insegnante — der Lehrer
l'architetto — der Architekt

78

fare la spesa
einkaufen

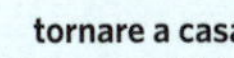

tornare a casa
nach Hause zurückkommen

mettere in ordine la casa
aufräumen

il tempo libero	die Freizeit
uscire con gli amici	mit Freunden ausgehen
andare al cinema/a ballare/a mangiare (fuori)	ins Kino/tanzen/essen gehen
fare sport	Sport machen
fare jogging	joggen
giocare a calcio	Fußball spielen
guardare la televisione	fernsehen
leggere	lesen

Nel mio tempo libero mi piace fare sport e uscire con i miei amici.
In meiner Freizeit mache ich gerne Sport und gehe gerne mit meinen Freunden aus.

andare a letto
ins Bett gehen

14

Die Freizeit heißt auf Italienisch **il tempo libero**. Und wie heiße die verschiedenen Freizeitaktivitäten?

fare sport	*Sport machen*
fare jogging	*joggen*
giocare a calcio	*Fußball spielen*
giocare a tennis	*Tennis spielen*
uscire con gli amici	*mit Freunden ausgehen*
mangiare fuori	*essen gehen*
(andare a) ballare	*tanzen (gehen)*
andare al cinema	*ins Kino gehen*
ascoltare musica	*Musik hören*
dormire	*schlafen*
leggere	*lesen*
guardare la televisione	*fernsehen*

Verwechseln Sie nicht die beiden Verben **ascoltare** und **sentire** Das erste verwendet man, wenn man bewusst zuhört: **ascoltare un CD** *eine CD hören* und **sentire**, wenn man etwas unbewusst hört: **sentire un rumore** *ein Geräusch hören*. Wie das regelmäßige Verb **sentire** werden alle regelmäßigen Verben auf **-ire** konjugiert.

io sento	*ich höre*	**noi sentiamo**	*wir hören*
tu senti	*du hörst*	**voi sentite**	*ihr hört*
lui/lei/ Lei sente	*er/sie hört/ Sie hören*	**loro sentono**	*sie hören*

3

Entscheiden Sie in folgenden Sätzen zwischen den Verben **ascoltare** und **sentire** und wählen Sie die korrekte Form.

Nel tempo libero ________ musica.	*In der Freizeit höre ich Musik.*
________ questo rumore?	*Hörst du dieses Geräusch?*
Che tipo di musica ________?	*Welche Art von Musik hörst du?*
In macchina Alessandra ________ musica pop.	*Im Auto hört Alessandra Popmusik.*

Was ist abgebildet? Finden Sie unten die korrekten Bezeichnungen.

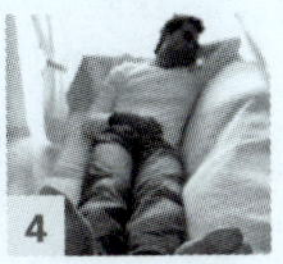

1. ▢ **A** Guarda la televisione. ▢ **B** Gioca a tennis. ▢ **C** Dorme.

2. ▢ **A** Dormono. ▢ **B** Ballano. ▢ **C** Fanno jogging.

3. ▢ **A** Laura ascolta musica. ▢ **B** Laura fa sport. ▢ **C** Laura legge.

4. ▢ **A** Luigi gioca a calcio. ▢ **B** Luigi dorme. ▢ **C** Luigi fa sport.

LÖSUNG

3 ascolto; Senti; ascolti; ascolta • **4** 1A; 2B; 3C; 4B

Sie möchten ausdrücken, dass Sie etwas gerne tun oder Ihnen etwas gefällt? Sagen Sie einfach **mi piace**. *Ich höre gerne Musik* heißt dementsprechend **Mi piace ascoltare musica**.
Wie sagt man auf Italienisch:

1. *Ich lese gerne.* ______________________
2. *Ich gehe gerne essen.* ______________________
3. *Ich jogge gerne.* ______________________
4. *Ich gehe gerne tanzen.* ______________________
5. *Ich mache gerne Sport.* ______________________

Sie sind gerade unterwegs, beim Joggen, in der Disco oder mit Freunden in einer Kneipe. Sie wollen wissen, wie viel Uhr es ist. Man fragt: **Che ore sono?** Lernen Sie anhand folgender Beispiele wie man im Italienischen die Uhrzeit ausdrückt.

È l'una.	*Es ist ein Uhr.*
È mezzogiorno.	*Es ist zwölf Uhr mittags.*
È mezzanotte.	*Es ist Mitternacht.*
Sono le due/le tre.	*Es ist zwei/drei Uhr.*
Sono le quattro e venti.	*Es ist zwanzig nach vier.*
Sono le due e un quarto.	*Es ist viertel nach zwei.*
Sono le sette e mezza.	*Es ist halb acht.*
Sono le nove meno dieci.	*Es ist zehn vor neun.*
Sono le tre meno un quarto.	*Es ist viertel vor drei.*

7 § 13

Schreiben Sie die Uhrzeit unter das jeweilige Bild. Sie können das Wort **sono** in der Antwort auch weglassen!

1. ____________ 2. ____________ 3. ____________

8  82

Gut zu wissen, wie die verschiedenen Tagesabschnitte heißen!

la mattina	*der Morgen*
il pomeriggio	*der Nachmittag*
la sera	*der Abend*
la notte	*die Nacht*

9

Welches der rechts stehenden Wörter gehört in welche Lücke?

1. Nel ___ ascolto musica e faccio sport.
2. Che ore sono? – ___ le dieci e venti.
3. La sera mi piace ___ la televisione.
4. La mattina mi piace ___ jogging.

A guardare
B fare
C Sono
D tempo libero

LÖSUNG

5 1. Mi piace leggere.; **2.** Mi piace mangiare fuori.; **3.** Mi piace fare jogging.; **4.** Mi piace andare a ballare.; **5.** Mi piace fare sport. • **7 1.** (Sono) le nove.; **2.** (Sono) le otto e un quarto.; **3.** (Sono) le sei e mezza. • **9** 1D; 2C; 3A; 4B

Jemanden nach seinem Beruf fragen können Sie so: **Che lavor fa/fai?** *Was sind Sie/bist du von Beruf?* Sie können mit dem Verb **essere** + Berufsbezeichnung antworten: **Sono insegnante** *Ich bin Lehrer(in).* oder mit **fare** + Artikel + Berufsbezeichnung **Faccio la segretaria**. *Ich bin Sekretärin.* Hier lernen Sie weitere Berufe:

il/la commesso/a	*der/die Verkäufer/in*
il medico	*der/die Arzt/Ärztin*
l'architetto	*der/die Architekt/in*
l'elettricista	*der/die Elektriker/in*
la casalinga	*die Hausfrau*
il/la cuoco/a	*der/die Koch/Köchin*
il/la parrucchiere/a	*der/die Friseur/in*
l'infermiere/a	*der/die Krankenpfleger/-schwester*
l'avvocato	*der/die Rechtsanwalt/-anwältin*

Die Formen von **lavorare** *arbeiten* sind durcheinander geraten.

1. io	____ **A** lavorano
2. tu	____ **B** lavora
3. lui/lei/Lei	____ **C** lavoriamo
4. noi	____ **D** lavoro
5. voi	____ **E** lavori
6. loro	____ **F** lavorate

3

Che lavoro fanno? *Was sind diese Personen von Beruf?* Finden Sie unter den Bildern die korrekten Antworten.

1

2

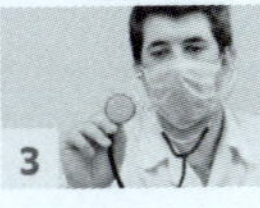
3

4

1. ▢ **A** È cuoco. ▢ **B** Fa l'infermiere. ▢ **C** È insegnante.
2. ▢ **A** È casalinga. ▢ **B** È medico. ▢ **C** Fa la cuoca.
3. ▢ **A** È medico. ▢ **B** È parrucchiere. ▢ **C** Fa il cuoco.
4. ▢ **A** È avvocato. ▢ **B** È segretaria. ▢ **C** Fa l'infermiera.

 84

Dove lavori? *Wo arbeitest du?* könnte man beantworten mit:

a casa	*zu Hause*
in ufficio	*im Büro*
in una ditta	*in einer Firma*
in un'agenzia	*in einer Agentur*
in fabbrica	*in einer Fabrik*
in ospedale	*im Krankenhaus*
in una scuola	*in einer Schule*

Es gibt zwei Alternativen, um auf die Frage **Che lavoro fa/fai?** zu antworten. Wie lauten sie?

1. ______________________ **2.** ______________________

LÖSUNG

2 1D; 2E, 3B; 4C; 5F; 6A • **3** 1C; 2C; 3A; 4B • **5** **1.** Sono + Beruf; **2.** Faccio + Artikel + Beruf

Weitere Begriffe, die mit der Arbeitswelt zu tun haben, sind:

lavorare in proprio	*selbstständig sein*
guadagnare bene/male	*gut/schlecht verdienen*
lavorare a tempo pieno	*Vollzeit arbeiten*
lavorare part-time	*Teilzeit arbeiten*
cercare lavoro	*Arbeit suchen*
il capo	*der Chef*
i colleghi	*die Kollegen*
l'orario di lavoro	*die Arbeitszeiten*
le ferie	*der Urlaub*
lo stipendio	*das Gehalt*

Verbinden Sie die Fragen mit der entsprechenden Antwort.

1. Che lavoro fai?	___ **A** No, lavoro in un'agenzia.
2. Guadagni bene?	___ **B** In una scuola.
3. Dove lavori?	___ **C** No, part-time.
4. Lavori a tempo pieno?	___ **D** Sono insegnante.
5. Lavori a casa?	___ **E** No, guadagno male.

8

Ordnen Sie den Sätzen die richtige Übersetzung zu und lernen Sie dabei weitere Berufsbezeichnungen kennen.

1. ___ Sono Elena, ho 23 anni e faccio la tennista.

2. ___ Mi chiamo Mauro. Non lavoro, sono pensionato.

3. ___ Io lavoro come fotografa per una rivista di moda.

A *Ich arbeite als Fotografin bei einer Modezeitschrift.*

B *Ich bin Elena. Ich bin 23 und Tennisspielerin.*

C *Ich heiße Mauro. Ich arbeite nicht, ich bin Rentner.*

9 86

Ergänzen Sie im folgenden Dialog die fehlenden Begriffe.

• **È tanto tempo che non vedo Anna. Che cosa fa?**	*Ich habe Anna schon lange nicht gesehen. Was macht sie jetzt?*
■ **Beh, Anna lavora in una ___________ a Milano... è ___________ di italiano.**	*Also, Anna arbeitet in einer Schule in Mailand... Sie ist Italienischlehrerin.*
• **E Francesco, vive qui a Bologna?**	*Und Francesco, wohnt er hier in Bologna?*
■ **Sì, è ___________ e ___________ al San Giovanni.**	*Ja, er ist Arzt und arbeitet im Krankenhaus San Giovanni.*

LÖSUNG

7 1D; 2E; 3B; 4C; 5A • **8** 1B; 2C; 3A • **9** scuola; insegnante; medico; lavora

Die Wochentage sind im Italienischen alle männlich bis auf den *Sonntag*: **la domenica**. Achten Sie darauf, dass die Tage von **lunedì** bis **venerdì** alle einen Akzent auf dem letzten Buchstaben haben.

il lunedì	*der Montag*
il martedì	*der Dienstag*
il mercoledì	*der Mittwoch*
il giovedì	*der Donnerstag*
il venerdì	*der Freitag*
il sabato	*der Samstag*
la domenica	*der Sonntag*

Um auszudrücken, dass Sie etwa jede Woche am selben Wochentag tun, verwenden Sie Artikel + Wochentag: **Il lunedì vado al corso d'italiano**. *Montags gehe ich zum Italienischkurs.* Wenn Sie den Artikel weglassen, beziehen Sie sich nur auf einen bestimmten Tag: **Lunedì vado a fare la sauna**. *Am Montag gehe ich in die Sauna.*

Abgesehen von Freizeitaktivitäten gibt es Dinge, die wir praktisch jeden Tag tun. Wie zum Beispiel:

fare colazione	*frühstücken*
andare al lavoro	*arbeiten gehen*
mettere in ordine la casa	*das Haus/die Wohnung aufräumen*
portare i figli a scuola	*die Kinder in die Schule bringen*
pranzare	*zu Mittag essen*
fare la spesa	*einkaufen*
tornare a casa	*nach Hause zurückkommen*
preparare la cena	*das Abendessen zubereiten*
cenare	*zu Abend essen*
andare a letto	*ins Bett gehen*

3

Cosa fanno? *Was tun diese Personen?* Finden Sie unten die Beschreibungen, die jeweils passen.

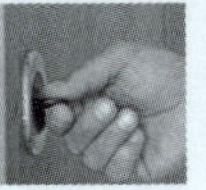
1

2

3

4

1. **A** Va a letto. **B** Dorme. **C** Torna a casa.
2. **A** Fa la spesa. **B** Fa colazione. **C** Va al lavoro.
3. **A** Prepara la cena. **B** Mette in ordine la casa. **C** Va a letto.
4. **A** Va al lavoro. **B** Fa la spesa. **C** Prepara la cena.

4

Übersetzen Sie ins Italienische mit Hilfe des Beispiels.

1. *Montags geht Laura einkaufen.*

   Il lunedì Laura fa la spesa.

2. *Dienstags räumt sie das Haus auf.*

   ____

3. *Mittwochs geht sie arbeiten.*

   ____

4. *Freitags geht sie in die Sauna.*

   ____

LÖSUNG

3 1C; 2A; 3B; 4C • **4** **2.** Il martedì mette in ordine la casa.; **3.** Il mercoledì va al lavoro.; **4.** Il venerdì va a fare la sauna.

Um Ihren Tagesablauf schildern zu können, benötigen Sie Uhrzeiten, die Sie in Lektion 9 und 14 gelernt haben, sowie Zeitangaben (siehe Lektion 14) und kleine Wörter wie:

prima	*zuerst/vorher*
poi	*dann*
dopo	*dann, danach*

Jetzt können Sie die Lücken in der deutschen Übersetzung des folgenden Satzes problemlos füllen.

Prima faccio colazione, poi porto i figli a scuola e dopo vado al lavoro. All'una torno a casa e preparo il pranzo.

_______________ frühstücke ich, dann _______________ ich die Kinder in die Schule und _______________ gehe ich _______________. Um ein Uhr komme ich zurück _______________ und bereite das _______________ vor.

7

Verbinden Sie die Sätze mit der jeweils richtigen Übersetzung.

1. La mattina fa colazione.	____	**A** *Abends sieht er fern.*
2. Alle dieci va a letto.	____	**B** *Um neun geht er arbeiten.*
3. Alle nove va a lavorare.	____	**C** *Morgens frühstückt er.*
4. Alle cinque fa la spesa.	____	**D** *Um zehn geht er ins Bett.*
5. La sera guarda la TV.	____	**E** *Um fünf geht er einkaufen.*

8

Bringen Sie die Sätze aus Übung 7 jetzt noch zeitlich in die richtige Reihenfolge.

9

Lesen Sie und finden Sie unten die dazugehörigen Übersetzungen. Die Bilder helfen Ihnen, die Bedeutung der Ausdrücke zu verstehen.

1. Alle sei mi sveglio.

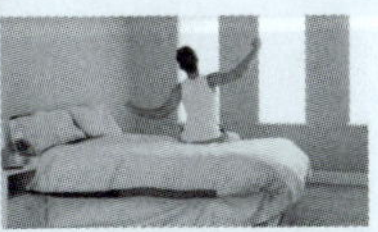

2. Poi mi alzo.

3. Mi lavo.

4. Mi vesto.

A ☐ *Ich ziehe mich an.*

B ☐ *Um sechs wache ich auf.*

C ☐ *Ich wasche mich.*

D ☐ *Dann stehe ich auf.*

Lavarsi *sich waschen* und **vestirsi** *sich anziehen* sind reflexive Verben. Nicht immer sind die deutschen Entsprechungen auch reflexiv, so wie in den beiden Fällen **svegliarsi** *aufwachen* und **alzarsi** *aufstehen*.

LÖSUNG

6 Zuerst; bringe; dann; arbeiten; nach Hause; Mittagessen •
7 1C; 2D; 3B; 4E; 5A • **8** **1.**; **3.**; **4.**; **5.**; **2.** • **9** 1B; 2D; 3C; 4A

Richtig gut zu essen ist für Italiener nicht nur wichtig, sondern geradezu **una passione** *eine Leidenschaft*. Ihre Esskultur und Kochkunst zeigen, wie sehr sie das Leben genießen. Jedes gemeinsame Essen wird zu einem vergnügten Ereignis, die Geselligkeit bei Tisch ist eine Tradition, an der man voller Stolz und Freude festhält.

Aus einer Küche nicht wegzudenken und für das Kochen oder Essen notwendige Dinge sind:

la pentola	*der Topf*
la padella	*die Pfanne*
la terrina	*die Schüssel*
l'insalatiera	*die Salatschüssel*
il macinapepe	*die Pfeffermühle*
il mestolo	*der Schöpflöffel*
le posate	*das Besteck*
la forchetta	*die Gabel*
il coltello	*das Messer*
il cucchiaio	*der Löffel*
il cucchiaino	*der Teelöffel*
il piatto	*der Teller*
l'apribottiglie	*der Flaschenöffner*
il cavatappi	*der Korkenzieher*
la tovaglia	*die Tischdecke*
il tovagliolo	*die Serviette*

Achten Sie auf die Aussprache der Buchstaben *„gli“* in **bottiglia**, **tovaglia** und **tovagliolo**! Versuchen Sie *„lj“* zu sagen, denn so ähnlich klingen sie.

3

Was ist hier abgebildet?

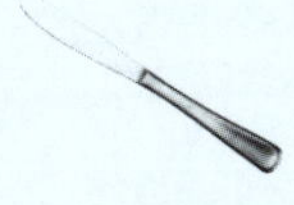

1. ____________ **2.** ____________ **3.** ____________

4 

Man heißt auf Italienisch **si**. Wenn Sie sich auf ein Substantiv in der Einzahl beziehen, nehmen Sie das Verb in der 3. Person Singular: **Il melone si mangia in estate**. *Melone isst man im Sommer*. Ist das Substantiv in der Mehrzahl, nehmen Sie das Verb in der 3. Person Plural: **Le castagne si mangiano in autunno**. *Maronen isst man im Herbst*. Fügen Sie nun die richtige Form des Verbs **mangiare** in diesen Sätzen ein.

La minestra si ____________ con il cucchiaio.	*Suppe isst man mit dem Löffel.*
Il tiramisù si ____________ con il cucchiaino.	*Tiramisù isst man mit dem Teelöffel.*
In Italia gli spaghetti si ____________ con la forchetta.	*In Italien isst man Spaghetti mit der Gabel.*
Anche le tagliatelle si ____________ con la forchetta.	*Auch Tagliatelle isst man mit der Gabel.*

LÖSUNG

3 1. una forchetta; **2.** un cucchiaio; **3.** un coltello •
4 mangia; mangia; mangiano; mangiano

Wichtige Verben rund ums Thema Kochen und Essen sind:

cucinare	*kochen*
preparare	*zubereiten*
lavare	*waschen*
aggiungere	*hinzufügen*
aprire	*öffnen*
tagliare	*schneiden*
rosolare	*anbraten*
sbucciare	*schälen*
versare	*gießen*

Bringen Sie die folgenden Sätze zu Ende.

1. Il filetto si rosola in una	____	**A** cavatappi.
2. L'insalata si mette in un'	____	**B** apribottiglie.
3. La birra si apre con l'	____	**C** insalatiera.
4. La cipolla si taglia con il	____	**D** padella.
5. Il vino si apre con il	____	**E** coltello.

7

Kennen Sie das Rezept für **spaghetti alla carbonara**? Hier können Sie es nachlesen und später nachkochen, aber zuerst müssen Sie die Lücken im italienischen Text füllen.

Ingredienti
350 g di spaghetti
100 g di pancetta affumicata
2 rossi d'uovo
6 cucchiai di olio
50 g di panna da cucina
abbondante formaggio grana grattugiato

Preparazione
La pancetta si ____________ a dadini e si soffrigge in una ____________.
In una ____________ si sbattono i due rossi d'uovo. Si aggiungono la ____________, il formaggio e la ____________ soffritta.
Quando la ____________ è cotta si mette nella terrina con il condimento.

Zutaten
350 g Spaghetti
100 g geräucherter Speck
2 Eigelb
6 Esslöffel Öl
50 g Sahne zum Kochen
reichlich geriebener Grana Padano-Käse

Zubereitung
Man schneidet den Speck in kleine Würfel und dünstet ihn in einer Pfanne an.
In einer Schüssel schlägt man die Eigelbe. Man fügt die Sahne, den Käse und den gebratenen Speck hinzu.
Wenn die Nudeln gekocht sind, gibt man sie in die Schüssel mit der Soße.

LÖSUNG

6 1D; 2C; 3B; 4E; 5A • **7** taglia; padella; terrina; panna; pancetta; pasta

Italiener gelten als gesellige und kontaktfreudige Menschen. Ob in der Bar, auf der Piazza oder beim Einkaufen: Gegen ein kleines Schwätzchen über Fußball, Politik oder das Wetter ist nie etwas einzuwenden. Die Freizeit verbringen sie gemeinsam mit Freunden und Verwandten und nicht selten sind auch die Kinder bis spät nachts mit unterwegs.

Freundin heißt auf Italienisch **amica**, *Freund* **amico**. **Un mio amico/una mia amica** bedeutet so viel wie: *ein Freund/eine Freundin von mir*. Lesen Sie, wie man einen Freund/eine Freundin jemand anderem vorstellen kann. Ergänzen Sie die Sätze.

1. Questa è Maria, una mia ______________ spagnola.

2. Questo è Andrea, un mio ______________ italiano.

3. Questo è Pierre, un mio ______________ francese.

4. Questa è Alexandra, una mia ______________ tedesca.

Anders als im Deutschen benutzt man die Possessivpronomen fast immer mit Artikel: **il mio amico** *mein Freund*, **la mia amica** *meine Freundin*.

mio/mia	*mein(e)*
tuo/tua	*dein(e)*
suo/sua	*sein(e)/ihr(e)*
Suo/Sua	*Ihr(e)*
nostro/nostra	*unser(e)*
vostro/vostra	*euer(e)*
loro	*ihr(e)*

Achtung! Die Formen **suo** und **sua** verwendet man sowohl bei einem Besitzer als auch bei einer Besitzerin. So kann **il suo amico** *sein Freund*, aber auch *ihr Freund* heißen.

Verbinden Sie die Sätze mit der jeweils richtigen Übersetzung.

1. La mia macchina è rossa.	___	**A** *Dein Fahrrad ist gelb.*
2. Il mio amico si chiama Luis.	___	**B** *Laura ist unsere Freundin.*
3. Questo è un mio amico.	___	**C** *Ist euer Freund Engländer?*
4. La mia famiglia è in Italia.	___	**D** *Das ist ein Freund von mir.*
5. Laura è la nostra amica.	___	**E** *Mein Auto ist rot.*
6. Il vostro amico è inglese?	___	**F** *Das ist sein/ihr Auto.*
7. Questa è la sua macchina.	___	**G** *Meine Familie ist in Italien.*
8. La tua bicicletta è gialla.	___	**H** *Hier ist meine Kreditkarte.*
9. Ecco la mia carta di credito.	___	**I** *Mein Freund heißt Luis.*

LÖSUNG

2 1. amica; **2.** amico; **3.** amico; **4.** amica • **4** 1E; 2I; 3D; 4G; 5B; 6C; 7F; 8A; 9H

Wenn Sie den Dialog anhören, dann achten Sie darauf, wie das **qu** in **Pasquetta** gesprochen wird. **que** klingt nicht wie *„kwe"*, sondern wie *„kue"*!

  94

In diesem Dialog verabreden sich Franco und Laura zu einem Picknick am *Ostermontag* **Pasquetta**, wörtlich: *kleine Ostern.*

• **Franco, che cosa facciamo a Pasquetta?**	*Franco, was machen wir am Ostermontag?*
▪ **Ehm, non lo so. Andiamo in montagna come sempre?**	*Hm, ich weiß nicht. Fahren wir in die Berge, wie immer?*
• **Perché non andiamo al Bosco di Chiusi?**	*Warum gehen wir nicht in den Wald von Chiusi?*
▪ **Buona idea! Facciamo un picnic nel bosco!**	*Gute Idee! Machen wir ein Picknick im Wald!*
• **Che portiamo da mangiare?**	*Was nehmen wir zum Essen mit?*
▪ **Io porto le uova sode, gli affettati e le bruschette. E tu?**	*Ich bringe hartgekochte Eier, Wurst und Bruschette mit. Und du?*
• **Io porto la pasta al forno e il formaggio.**	*Ich bringe einen Nudelauflauf und Käse mit.*
▪ **Benissimo! Allora ci vediamo a Pasquetta!**	*Sehr gut! Dann sehen wir uns am Ostermontag!*

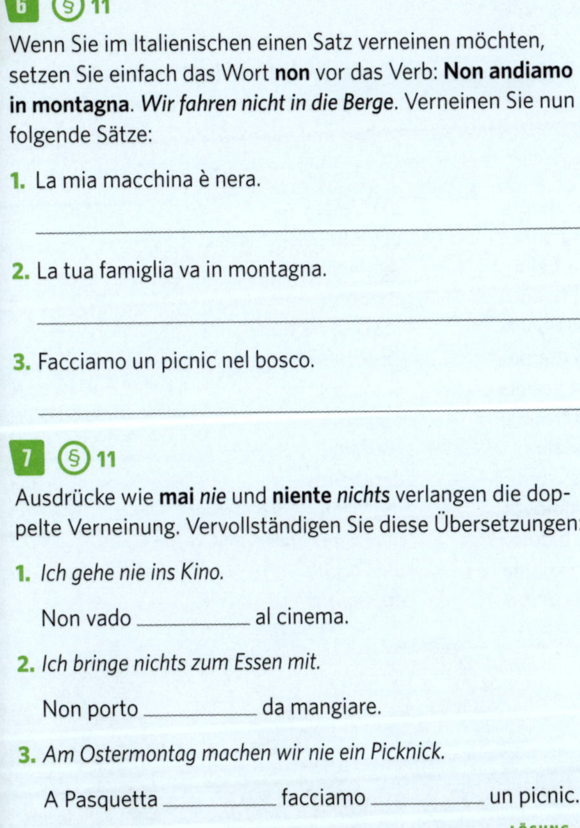

6 § 11

Wenn Sie im Italienischen einen Satz verneinen möchten, setzen Sie einfach das Wort **non** vor das Verb: **Non andiamo in montagna**. *Wir fahren nicht in die Berge*. Verneinen Sie nun folgende Sätze:

1. La mia macchina è nera.

   ____

2. La tua famiglia va in montagna.

   ____

3. Facciamo un picnic nel bosco.

   ____

7 § 11

Ausdrücke wie **mai** *nie* und **niente** *nichts* verlangen die doppelte Verneinung. Vervollständigen Sie diese Übersetzungen:

1. *Ich gehe nie ins Kino.*

   Non vado __________ al cinema.

2. *Ich bringe nichts zum Essen mit.*

   Non porto __________ da mangiare.

3. *Am Ostermontag machen wir nie ein Picknick.*

   A Pasquetta __________ facciamo __________ un picnic.

LÖSUNG

6 1. La mia macchina non è nera.; **2.** La tua famiglia non va in montagna; **3.** Non facciamo un picnic nel bosco. • **7 1.** mai; **2.** niente; **3.** non; mai

Auch in Zeiten niedriger Geburtenraten bedeutet sie den Italienern sehr viel: ***die Familie*** **la famiglia**. Die klassische Großfamilie existiert zwar nicht mehr, aber an ihrem starken familiären Zusammenhalt und ihrer großen Kinderliebe hat sich nichts geändert. Wie heißen die Familienmitglieder?

la madre	*die Mutter*
il padre	*der Vater*
la figlia	*die Tochter*
il figlio	*der Sohn*
la nonna	*die Großmutter*
il nonno	*der Großvater*
la sorella	*die Schwester*
il fratello	*der Bruder*
la zia	*die Tante*
lo zio	*der Onkel*
la nipote	*die Nichte/Enkeltochter*
il nipote	*der Neffe/Enkelsohn*
la cugina	*die Cousine*
il cugino	*der Cousin*

Achten Sie beim Wort **cugina** darauf, dass das „g" weich gesprochen wird, wie das „G" in Gin. Denn wenn Sie es wie ein hartes „tsch" sprechen, versteht der italienische Zuhörer anstatt **cugina** *Cousine* das Wort **cucina** *Küche!*

  5

In Lektion 18 haben Sie die Possessivpronomen kennen gelernt und erfahren, dass man sie mit dem Artikel benutzt. Ausnahme sind die Verwandschaftsbezeichnungen in der Einzahl: **mia madre** *meine Mutter*, **mio figlio** *mein Sohn*. Nur **loro** wird immer vom Artikel begleitet: **il loro figlio** *ihr Sohn*.

Welches dieser Possessivpronomen gehört unten in die Lücken?

suo • tua • mia • vostro • nostra • loro • mio • Sua

Come si chiama __________ sorella?	*Wie heißt deine Schwester?*
__________ padre è italiano.	*Mein Vater ist Italiener.*
La __________ famiglia è grande.	*Unsere Familie ist groß.*
__________ fratello è a Roma.	*Sein/Ihr Bruder ist in Rom.*
Questa è __________ figlia?	*Ist das Ihre Tochter?*
________ zia si chiama Silvana.	*Meine Tante heißt Silvana.*
Dove abita __________ nonno?	*Wo wohnt euer Großvater?*
La __________ figlia ha 3 anni.	*Ihre Tochter ist drei Jahre alt.*

LÖSUNG

2 tua; Mio; nostra; Suo; Sua; Mia; vostro; loro

Schreiben Sie unter die italienischen Bezeichnungen die deutschen Übersetzungen.

la zia e la nipote
1. ______

i genitori e i figli
2. ______

la nonna e la nipote
3. ______

Wenn man über ***die Verwandtschaft*** **i parenti** redet, benutzt man oft die Possessivpronomen in der Mehrzahl. Denken Sie daran, bei Verwandtschaftsbezeichnungen in der Mehrzahl vor einem Possessivpronomen wieder den Artikel zu verwenden.

miei/mie	meine
tuoi/tue	deine
suoi/sue	seine/ihre
Suoi/Sue	Ihre
nostri/nostre	unsere
vostri/vostre	eure
loro	ihre

Ob Sie die weibliche oder die männliche Form nehmen müssen, hängt vom Wort ab, das den Besitz ausdrückt: **le sorelle** z. B. ist ein weibliches Substantiv in der Mehrzahl, deshalb muss es heißen: **le mie sorelle** *meine Schwestern.*

5

Finden Sie hier acht Verwandtschaftsbezeichnungen:

g b n a n i p o t e s r q u o l c u g i n o a v r e z i a n
o p s o r e l l a g m m e f f i g l i o p q r e a p a d r e
m c h g e n o n n a m q a i f r a t e l l o g b i n n e s l

6

Vervollständigen Sie folgende Tabelle.

mio padre	**_____ madre**	**i miei nonni**	**le _____ nonne**
_____ nonno	**tua nonna**	**i _____ fratelli**	**le tue sorelle**
suo cugino	**_____ cugina**	**i _____ cugini**	**le sue cugine**
nostro figlio	**_____ figlia**	**i nostri figli**	**le _____ figlie**
_____ zio	**vostra zia**	**i _____ zii**	**le vostre zie**
il loro fratello	**la _____ sorella**	**i loro fratelli**	**le _____ sorelle**

7

Gelingt es Ihnen, die folgenden Sätze zu beenden?

1. Anna è la madre di Francesco.

Francesco è suo _____________.

2. Francesco è il fratello di Alessandra.

Alessandra è sua _____________.

3. Maria è la sorella di Anna.

Alessandra è sua _____________.

4. Carla è la figlia di Maria.

Carla è la _____________ di Francesco e Alessandra.

LÖSUNG

3 1. die Tante und die Nichte; **2.** die Eltern und die Kinder; **3.** die Großmutter und die Enkelin • **5** nipote; cugino; zia; sorella; figlio; padre; nonna; fratello • **6** mia; mie; tuo; tuoi; sua; suoi; nostra; nostre; vostro; vostri; loro; loro • **7 1.** figlio; **2.** sorella; **3.** nipote; **4.** cugina

Da die Familie in Italien einen sehr hohen Stellenwert hat, werden Familienfeste besonders groß gefeiert. Man kommt natürlich zusammen an:

Pasqua *Ostern*
Natale *Weihnachten*
San Silvestro *Silvester*

und an persönlichen Festtagen wie:

il compleanno *der Geburtstag*
il matrimonio *die Hochzeit*
il battesimo *die Taufe*
la comunione *die Kommunion*
la cresima *die Firmung*

Es gibt je nach Anlass verschiedene Ausdrücke jemandem alles Gute zu wünschen, aber mit **Tanti auguri!** liegen Sie nie falsch. Zu Ostern sagt man auch **Buona Pasqua!** und zu Weihnachten **Buon Natale!**

Die meisten Italiener heiraten nach wie vor in der Kirche. *Dem Brautpaar* **gli sposi** und *den Gästen* **gli invitati** wird eine schier endlose Zahl an Gängen serviert. Traditionell erhält jeder Gast eine *Bonbonniere* **bomboniera** und *überzuckerte Mandeln* **confetti**.

Auch diese Ausdrücke haben etwas mit einer Hochzeit zu tun:

il vestito da sposa	*das Hochzeitskleid*
il bouquet della sposa	*der Brautstrauß*
la torta nuziale	*die Hochzeitstorte*
i regali	*die Geschenke*
i testimoni	*die Trauzeugen*
le fedi	*die Eheringe*

Was ist hier abgebildet? Schreiben Sie das italienische Wort darunter.

1. ________________

2. ________________

3. ________________

Es gibt einen Ausdruck, den man immer verwenden kann, wenn man jemandem alles Gute wünschen möchte. Schreiben Sie ihn in die Sprechblase.

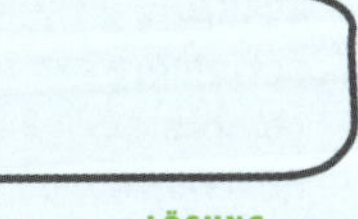

LÖSUNG

4 **1.** il bouquet della sposa; **2.** il vestito da sposa; **3.** i regali • **5** Tanti auguri!

In Italien kann man zu einem Geburtstagskind außerdem sagen **Buon Compleanno!** *Alles Gute zum Geburtstag!* oder **Cento di questi giorni!** Damit wünscht man ihm wörtlich noch 100 solche Tage. In einigen Regionen gibt es den Brauch, das Geburtstagskind für jedes Jahr einmal am Ohrläppchen zu ziehen.

Wann hast du Geburtstag? heißt auf Italienisch: **Quando è il tuo compleanno?** oder: **Quando compi gli anni?** Man antwortet mit Artikel + Datum, z. B.: **il 7 novembre** *am 7. November* oder mit einem vollständigen Satz: **Il mio compleanno è il 7 novembre.** *Mein Geburtstag ist am 7. November*. Oder so: **Compio gli anni il 22 aprile**. *Ich habe am 22. April Geburtstag*. Hier alle zwölf Monate im Überblick:

gennaio	*Januar*
febbraio	*Februar*
marzo	*März*
aprile	*April*
maggio	*Mai*
giugno	*Juni*
luglio	*Juli*
agosto	*August*
settembre	*September*
ottobre	*Oktober*
novembre	*November*
dicembre	*Dezember*

Beim Datum wird im Italienischen die Kardinalzahl verwendet: **Oggi è il 2 marzo**. *Heute ist der 2. März.* Ausnahme ist der erste Tag im Monat: **il 1° (primo) luglio** *der erste Juli*. Die Zahl wird jedoch immer ohne Punkt geschrieben!

Versuchen Sie in den Sätzen unten die Zahlen und die Monate auszuschreiben wie im ersten Beispiel.

1. 01/01: **Capodanno** *Neujahr*
2. 01/05: **Festa del Lavoro** *Tag der Arbeit*
3. 15/08: **Ferragosto** *Mariä Himmelfahrt*
4. 25/12: **Natale** *Weihnachten*

1. **Il primo gennaio è Capodanno.**
2. ______________________ è la Festa del Lavoro.
3. ______________________ è Ferragosto.
4. ______________________ è Natale.

Zeitadverbien wie **oggi** *heute*, **domani** *morgen*, **dopodomani** *übermorgen*, **spesso** *oft*, **a volte** *manchmal*, **una volta alla settimana** *einmal pro Woche* sind sehr nützlich. Beantworten Sie die Fragen, indem Sie die richtige Antwort ankreuzen.

1. Quando compi gli anni?
   - **A** Spesso.
   - **B** Domani.
2. Quando è Pasqua?
   - **A** Spesso.
   - **B** In aprile.
3. Ti piace il vestito da sposa?
   - **A** Sì, è bellissimo!
   - **B** A volte.
4. Quando è San Silvestro?
   - **A** Il 31 dicembre.
   - **B** Due volte alla settimana.

LÖSUNG

8 **2.** Il primo maggio; **3.** Il quindici agosto; **4.** Il venticinque dicembre

9 1B; 2B; 3A; 4A

100

la cultura – die Kultur

- **l'arte** – die Kunst
- **la galleria d' arte** – die Gemäldegalerie
- **l'opera** – die Oper
- **la mostra** – die Ausstellung
- **il cinema** – das Kino
- **il museo** – das Museum
- **il concerto** – das Konzert

l'entrata	der Eintritt
il biglietto	die Eintrittskarte
la biglietteria	die Kasse
lo spettacolo	die Aufführung
la commedia	die Komödie

il quadro	das Gemälde
la scultura	die Skulptur
l'opera d'arte	das Kunstwerk
la guida	der/die Reiseführer/in
il gruppo	die Gruppe

la prima visione - die Premiere
la sala - der Saal
la fila - die Reihe
il posto - der Platz

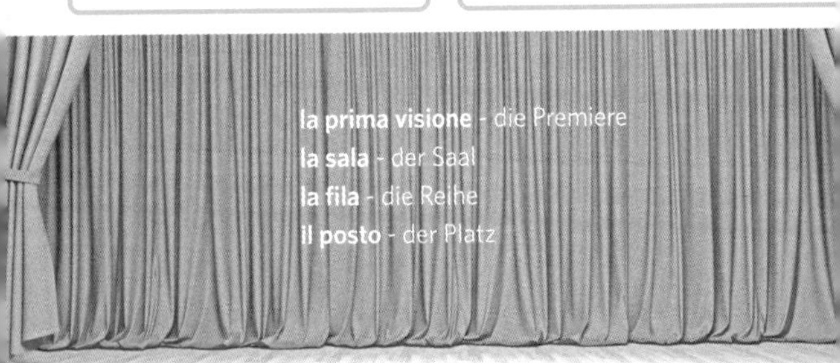

101

la televisione	das Fernsehen
il canale	der Sender
il film	der Film
il telegiornale	die Fernsehnachrichten
il meteo	der Wetterbericht
la pubblicità	die Werbung
la radio	das Radio
il giornale	die Zeitung
il quotidiano	die Tageszeitung
la rivista	die Zeitschrift

102

Hai visto il nuovo film di Spielberg?
Hast du den neuen Film von Spielberg gesehen?

Sì, è molto...
Ja, er ist sehr...

bello	schön
noioso	langweilig
lungo	lang
corto	kurz
divertente	lustig
interessante	interessant
triste	traurig

21

Was Kultur und Unterhaltung angeht, hat man in jeder Region Italiens die Qual der Wahl. Ob kulturelle, gastronomische, sportliche oder musikalische Veranstaltungen, es ist für jeden Geschmack etwas dabei. Ausführliche *Informationen* **informazioni** über Angebot, Anreise, Preise der Eintrittskarten etc. erhält man im Internet oder beim *örtlichen Fremdenverkehrsamt* **azienda di promozione turistica**.

Kunst **l'arte** wird unter anderem hier ausgestellt:

il museo	*das Museum*
la mostra	*die Ausstellung*
la galleria d'arte	*die Gemäldegalerie*
la pinacoteca	*die Pinakothek*

Zu bewundern gibt es *Kunstwerke* **opere d'arte**:

i quadri	*die Gemälde*
i disegni	*die Zeichnungen*
le sculture	*die Skulpturen*
le fotografie	*die Fotografien*

Schreiben Sie die Bezeichnungen für Kunstwerke mit dem dazugehörigen Artikel nun hier in der Einzahl (s. Lektionen 5/6):

1. ____ quadr____ **3.** ____ scultur____

2. ____ disegn____ **4.** ____ fotografi____

104

Weitere nützliche Begriffe rund um den Besuch eines Museums oder einer Ausstellung sind:

l'entrata	*der Eintritt*
l'entrata libera	*der freie Eintritt*
il biglietto	*die Eintrittskarte*
la riduzione	*die Ermäßigung*
la guida	*der/die Reiseführer/in*
il dépliant	*die Broschüre*
il catalogo	*der Katalog*

Nach dem Preis einer Eintrittskarte fragen Sie so: **Quanto costa il biglietto? Quanto** ist ein Fragewort. Es bedeutet *wie viel*, aber auch *wie lange*: **Quanto dura lo spettacolo?** *Wie lange dauert die Aufführung?*

Lesen Sie die Sätze auf Italienisch. Ordnen Sie dann die unten aufgeführten Erklärungen auf Deutsch den richtigen Sätzen zu.

1. ___ Ha un dépliant sui quadri esposti?

2. ___ Due biglietti per la mostra, per favore.

3. ___ Un biglietto per studenti, per favore.

4. ___ Ci sono riduzioni per gruppi?

Sie fragen...

A *nach zwei Eintrittskarten für die Ausstellung.*
B *nach einer Eintrittskarte für Studenten.*
C *ob es Ermäßigungen für Gruppen gibt.*
D *nach einer Broschüre der ausgestellten Bilder.*

LÖSUNG

3 1. il quadro; **2.** il disegno; **3.** la scultura; **4.** la fotografia • **5** 1D; 2A; 3B; 4C

Zum Wortschatz aus dem Themenbereich „Unterhaltung" gehören auch Begriffe wie:

il concerto	*das Konzert*	**il posto**	*der Platz*
l'opera	*die Oper*	**la biglietteria**	*die Kasse*
il film	*der Film*	**il sipario**	*der Vorhang*
la prima visione	*die Premiere*	**il bis**	*die Zugabe*
la sala	*der Saal*	**il/la cantante**	*der/die Sänger/in*
la fila	*die Reihe*	**il tenore**	*der Tenor*

Adjektive, mit denen Sie einen Kinofilm beschreiben können:

bello/a	*schön*
noioso/a	*langweilig*
lungo/a	*lang*
corto/a	*kurz*
divertente	*lustig*
interessante	*interessant*
triste	*traurig*

Wenn Sie ein Adjektiv steigern, also den Komparativ bilden möchten, stellen Sie einfach das Wörtchen **più** *mehr* voran: **più famoso/a** *berühmter(e).* Nun noch den Artikel + Substantiv davor und schon haben Sie den Superlativ gebildet: **il/la regista più famoso/a** *der/die berühmteste Regisseur/in.*

Ordnen Sie den Bildern die richtigen Bezeichnungen zu.

1 

2 

3 

4 

___ **A** l'attrice
___ **B** il pubblico
___ **C** il regista
___ **D** la sala del cinema

9

Verbinden Sie die Superlative mit der richtigen Übersetzung.

1. il film più divertente	___	**A**	*der bequemste Platz*
2. l'attrice più famosa	___	**B**	*der berühmteste Regisseur*
3. il posto più comodo	___	**C**	*der lustigste Film*
4. il regista più famoso	___	**D**	*der längste Film*
5. il film più lungo	___	**E**	*die berühmteste Schauspielerin*

10 107

Fügen Sie in diesem Dialog die fehlenden Begriffe ein.

● **Conosci il ____________ Nanni Moretti?**	*Kennst du den Regisseur Nanni Moretti?*
■ **Certo! Ho visto il suo film più ____________ „Caro Diario".**	*Ja, klar! Ich habe seinen lustigsten Film „Liebes Tagebuch" gesehen.*
● **A me invece piace il suo film più ____________ "La stanza del figlio".**	*Mir hingegen gefällt sein traurigster Film „Das Zimmer meines Sohnes".*
■ **Ah sì? Io preferisco le commedie.**	*Ach ja? Ich mag lieber Komödien.*
● **No, secondo me sono più ____________ i film drammatici.**	*Nein, meiner Meinung nach sind Dramen interessanter.*

LÖSUNG

8 1B; 2C; 3A; 4D • **9** 1C; 2E; 3A; 4B; 5D • **10** regista; divertente; triste; interessanti

22

In vielen italienischen Haushalten läuft pausenlos der *Fernseher* **il televisore.** Häufig gibt es auch in der Küche ein Gerät. Das Programm wird aber während der Mahlzeiten kaum wahrgenommen, man genießt das Essen und unterhält sich. Das Fernsehprogramm bleibt lediglich ein Hintergrundgeräusch, vielleicht vergleichbar mit dem Radio in Deutschland.

 108

Lernen Sie Vokabeln aus den Bereichen Radio und Fernsehen.

la televisione	*das Fernsehen*
la radio	*das Radio*
il telecomando	*die Fernbedienung*
il programma	*das Programm*
il canale	*der Sender*
il telegiornale	*die Fernsehnachrichten*
il notiziario	*die Radionachrichten*
il meteo	*der Wetterbericht*
la pubblicità	*die Werbung*
il volume	*die Lautstärke*

Il programma is eines der wenigen männlichen Substantive mit der Endung **-a!** Wie **il problema** *das Problem* und **il dramma** *das Drama.*

Sie haben bereits in Lektion 20 ein paar Zeitausdrücke gelernt. Sie sollten auch diese kennen:

ogni giorno/settimana *jeden Tag/jede Woche*
ogni tanto *ab und zu*
due/tre ore alla settimana *zwei/drei Stunden die Woche*
un'ora al giorno *eine Stunde am Tag*
regolarmente *regelmäßig*
raramente *selten*

Welche Antwort passt zu welcher Frage?

1. ___ Quante ore alla settimana guardi la TV?

2. ___ Ascolti spesso la radio?

3. ___ Ti piace questo programma?

4. ___ Guardi ogni giorno il telegiornale?

5. ___ Che canale televisivo guardi regolarmente?

A Sì, è molto interessante.
B Raiuno e Canale 5.
C Circa 5 ore.
D No, preferisco ascoltare il notiziario alla radio.
E In macchina, sì, sempre.

LÖSUNG

4 1C; 2E; 3A; 4D; 5B

Welche Übersetzung gehört zu welchem italienischen Begriff?

1. la telenovela	___	**A**	*die Modesendung*
2. la partita di calcio	___	**B**	*der Zeichentrickfilm*
3. il documentario	___	**C**	*die Seifenoper*
4. il programma di moda	___	**D**	*der Dokumentarfilm*
5. il cartone animato	___	**E**	*das Fußballspiel*

Die großen nationalen Tageszeitungen in Italien sind "**Il Corriere della Sera**", "**La Repubblica**" und "**La Stampa**". Besonders auffällig ist die ganz in Rosa gehaltene Sportzeitung "**La Gazzetta dello Sport**".

il giornale	*die Zeitung*
il quotidiano	*die Tageszeitung*
la rivista	*die Zeitschrift*

Bei vielen Verben auf **-ire** werden die Endungen des Präsens an den erweiterten Verbstamm **-isc-** angehängt, z. B. beim Verb **finire** *beenden*: **fin** + **isc** + Verbendung. Nur die 1. und 2. Person Mehrzahl (**noi** + **voi**) sind davon ausgenommen:

io finisco	*ich beende*	**noi finiamo**	*wir beenden*
tu finisci	*du beendest*	**voi finite**	*ihr beendet*
lui/lei/ Lei finisce	*er/sie beendet/ Sie beenden*	**loro finiscono**	*sie beenden*

Vervollständigen Sie nun die Präsensformen von **preferire** *bevorzugen, lieber mögen*.

io preferisco	*ich bevorzuge*
tu ______________	*du bevorzugst*
lui/lei/Lei ______________	*er/sie bevorzugt/ Sie bevorzugen*
noi preferiamo	*wir bevorzugen*
voi ______________	*ihr bevorzugt*
loro ______________	*sie bevorzugen*

Auf **preferire** kann ein Substantiv folgen: **Preferisco il risotto agli spaghetti**. *Ich mag lieber Risotto als Spaghetti.* oder ein Verb im Infinitiv: **Preferisco passare le vacanze in Italia**. *Ich verbringe meine Ferien lieber in Italien.*

Welche Medien mag diese Dame am liebsten?

Non mi piace guardare la TV. La sera preferisco chattare su Internet con i miei amici. Ogni tanto leggo "La Repubblica", ma preferisco leggere quotidiani e riviste on line.

1. La signora preferisce guardare la TV o chattare su Internet?

2. Legge ogni giorno un quotidiano? Cosa preferisce leggere?

1. ____

2. ____

LÖSUNG

5 1C; 2E; 3D; 4A; 5B • **8** tu preferisci; lui/lei/Lei preferisce; voi preferite; loro preferiscono • **9 1.** Preferisce chattare su Internet.; **2.** Ogni tanto legge „La Repubblica". Lei preferisce leggere quotidiani e riviste on line.

113

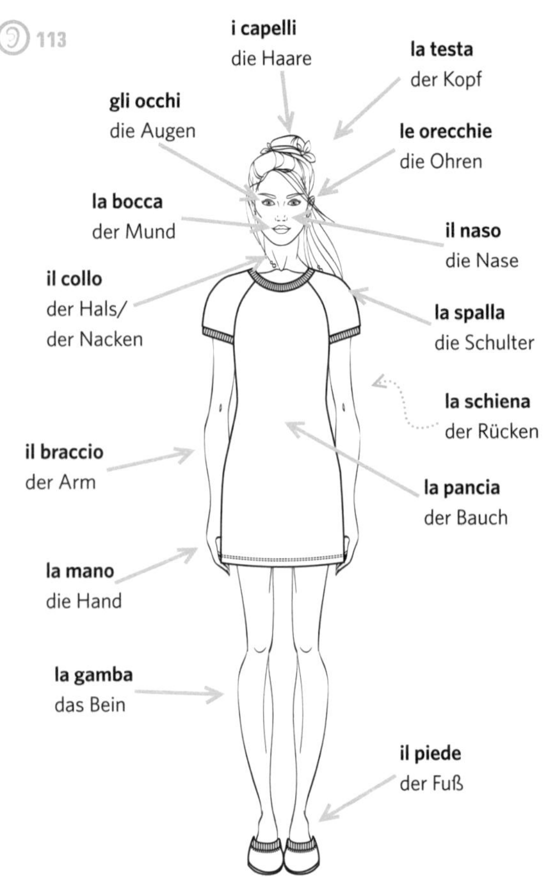
i capelli
die Haare
la testa
der Kopf
gli occhi
die Augen
le orecchie
die Ohren
la bocca
der Mund
il naso
die Nase
il collo
der Hals/
der Nacken
la spalla
die Schulter
la schiena
der Rücken
il braccio
der Arm
la pancia
der Bauch
la mano
die Hand
la gamba
das Bein
il piede
der Fuß

L'ASPETTO – DAS AUSSEHEN

ESSERE... 114

alto	groß	**basso**	klein
snello	schlank	**grasso**	dick
bello	schön	**brutto**	hässlich
moro	dunkelhaarig	**biondo**	blond
calvo	eine Glatze haben		

AVERE...  115

i capelli lunghi	lange Haare	**i capelli corti**	kurze Haare
i capelli lisci	glatte Haare	**i capelli ricci**	lockige Haare
gli occhi marroni	braune Augen	**gli occhi azzurri**	blaue Augen

IL CARATTERE – DER CHARAKTER

 116

+

buono	lieb
intelligente	intelligent
simpatico	sympathisch
socievole	gesellig
aperto	offen
gentile	höflich, nett
disponibile	hilfsbereit
bravo	gut
curioso	neugierig

–

cattivo	böse
stupido	dumm
antipatico	unsympathisch
noioso	langweilig
chiuso	verschlossen
pettegolo	geschwätzig

Lernen Sie die Bezeichnungen einiger Körperteile kennen.

la testa	*der Kopf*
gli occhi	*die Augen*
il naso	*die Nase*
la bocca	*der Mund*
le orecchie	*die Ohren*
il collo	*der Hals/der Nacken*
il braccio	*der Arm*
la mano	*die Hand*
la spalla	*die Schulter*
la schiena	*der Rücken*
la pancia	*der Bauch*
la gamba	*das Bein*
il piede	*der Fuß*

Vorsicht! Mehrere italienische Ausdrücke für Körperteile ändern in der Mehrzahl ihr Geschlecht. In der Einzahl sind sie männlich, in der Mehrzahl weiblich: **il braccio – le braccia** *der Arm – die Arme;* **il dito – le dita** *der Finger – die Finger;* **l'orecchio – le orecchie** *das Ohr – die Ohren.*
La mano *die Hand* ist trotz Endung -o weiblich, der Plural lautet **le mani.**

2

Welche Körperteile sehen Sie hier?

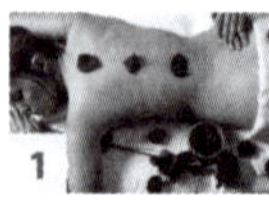
1

2

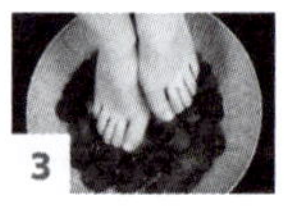
3

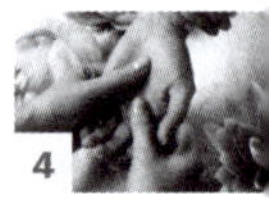
4

1. A la bocca — B la gamba — C la schiena
2. A il collo — B la pancia — C la testa
3. A i piedi — B le mani — C le orecchie
4. A gli occhi — B le mani — C le spalle

Wenn es um Körperpflege geht, verwendet man häufig reflexive Verben. (Siehe dazu auch Lektion 16.)

lavarsi	*sich waschen*
farsi la doccia/il bagno	*duschen/baden*
truccarsi	*sich schminken*
pettinarsi	*sich kämmen*
farsi la barba	*sich rasieren*
lavarsi i denti	*sich die Zähne putzen*
lavarsi i capelli	*sich die Haare waschen*
asciugarsi	*sich abtrocknen*

4 § 8 119

Sehen Sie am Beispiel von **lavarsi**, wie man die reflexiven Verben konjugiert:

io mi lavo	*ich wasche mich*
tu ti lavi	*du wäschst dich*
lui/lei/Lei si lava	*er/sie wäscht sich/Sie waschen sich*
noi ci laviamo	*wir waschen uns*
voi vi lavate	*ihr wascht euch*
loro si lavano	*sie waschen sich*

5

Fügen Sie die fehlenden Reflexivpronomen ein.

1. io ____ faccio la doccia; **2.** tu ____ fai la barba; **3.** lui ____ pettina; **4.** noi ____ laviamo i denti; **5.** voi ____ lavate i capelli

LÖSUNG

2 1C; 2C; 3A; 4B • **5 1.** mi; **2.** ti; **3.** si; **4.** ci; **5.** vi

Was tun diese Personen? Vervollständigen Sie die Sätze!

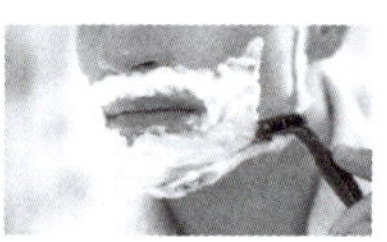

1. Lisa ______________.

3. Franco ______________.

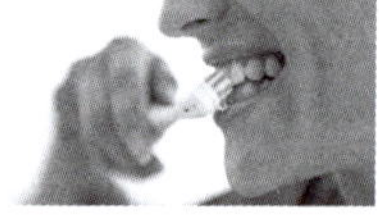

2. Anna ______________.

4. Carla ______________.

 120

Lesen Sie, wie Sandra ihren Tag beginnt und beantworten Sie dann die Fragen unten.

La mattina mi alzo alle sette. Vado in bagno e mi faccio la doccia. Mi asciugo, mi metto la crema sul corpo e mi vesto. Mi pettino e mi trucco. Poi faccio colazione. Dopo mi lavo i denti e vado in ufficio.

1. A che ora si alza Sandra?

____

2. Si lava prima i denti e fa dopo colazione?

____

8

Ordnen Sie die Übersetzungen den italienischen Sätzen zu.

1. Mi lavo le mani. ____ **A** *Du putzt dir die Zähne.*
2. Mi lavo i capelli. ____ **B** *Ich wasche mir die Hände.*
3. Ti lavi i denti. ____ **C** *Ich wasche mir die Haare.*
4. Si lava i piedi. ____ **D** *Er/Sie wäscht sich die Füße.*

9 121

Lesen Sie den Dialog zwischen Fabrizio und Laura und fügen Sie die zwei fehlenden Begriffe ein.

• **Ciao Fabrizio!**	*Hallo Fabrizio!*
• **Ciao Laura, come stai? Hai l'aria stanca.**	*Hallo Laura, wie geht's dir? Du siehst müde aus.*
• **Sì, ho molto lavoro.**	*Ja, ich habe viel Arbeit.*
• **Perché non vieni con me il prossimo fine settimana? Passo due giorni in un centro benessere!**	*Warum kommst du nächstes Wochenende nicht mit? Ich fahre zwei Tage ins Wellness-Hotel!*
• **Magari!**	*Schön wär's!*
• **Ti fai fare un massaggio per rilassare i muscoli delle ____________ e del ____________.**	*Du lässt dir eine Massage geben, um die Muskeln der Schultern und des Nackens zu entspannen.*
• **Hai ragione!**	*Du hast Recht!*

LÖSUNG

6 **1.** si pettina; **2.** si trucca; **3.** si fa la barba; **4.** si lava i denti. • **7** **1.** Alle sette; **2.** No. Prima fa colazione, poi si lava i denti • **8** 1B; 2C; 3A; 4D • **9** spalle; collo

Leider kann man auch im Urlaub krank werden. Wie drückt man seine Beschwerden aus?

Ho mal di pancia.	*Ich habe Bauchschmerzen.*
Ho mal di gola.	*Ich habe Halsschmerzen.*
Ho preso il raffreddore.	*Ich habe mich erkältet.*
Ho la tosse.	*Ich habe Husten.*
Ho la febbre.	*Ich habe Fieber.*
Ho mal di denti.	*Ich habe Zahnschmerzen.*
Ho mal di testa.	*Ich habe Kopfschmerzen.*
Mi sono bruciato/a.	*Ich habe mich verbrannt.*
Mi fa male qua.	*Hier habe ich Schmerzen.*
Ho una scottatura.	*Ich habe einen Sonnenbrand.*
Ho le vertigini.	*Mir ist schwindelig.*

2

Auf der linken Seite sehen Sie Äußerungen von Personen, denen es nicht gut geht. Welche Reaktion passt am ehesten zu welcher Äußerung?

1. Che mal di pancia!	___ **A** Prendi lo sciroppo contro la tosse!
2. Ho la febbre.	___ **B** Vai dal dentista!
3. Ho una tosse terribile!	___ **C** Prendi un'aspirina!
4. Ho mal di denti.	___ **D** Vai a letto!
5. Che mal di testa!	___ **E** Bevi una camomilla!

3 

In Übung 2 haben Sie die **tu**-Formen des Imperativs kennen gelernt, die man verwendet, wenn man jemanden duzt. Bei regelmäßigen Verben auf **-ere** und **-ire** entspricht diese Form der 2. Person Singular Präsens. Z. B.: **Prendere** –**Prendi**! *Nimm!* oder **dormire** – **Dormi**! *Schlaf!* Bei regelmäßigen Verben auf **-are** nimmt man dagegen die 3. Person Singular Präsens: **scusare – Scusa!** *Entschuldige!;* bei unregelmäßigen, wie **fare** und **andare**, wiederum die 2. Person: **Fai una pausa!**; **Vai a scuola!** Den verneinten Imperativ in der **tu**-Form bildet man mit **non** + Infinitiv des Verbs: **Non guardare!** *Schau nicht!*

4

Kreuzen Sie die richtigen Imperativ-Formen an.

1. Non...
- **A** mangiare i dolci!
- **B** mangia i dolci!

2. Sara, ...
- **A** va a casa!
- **B** vai a casa!

3. Enrico, ...
- **A** prendere l'aspirina!
- **B** prendi l'aspirina!

4. Mamma, ...
- **A** prepara la cena!
- **B** prepari la cena!

5. Christian, ...
- **A** vai a letto!
- **B** andare a letto!

6. Monica, non ...
- **A** guarda la TV!
- **B** guardare la TV!

7. Laura, ...
- **A** fa una passeggiata!
- **B** fai una passeggiata!

8. No, mamma, non...
- **A** andare a lavorare!
- **B** vai a lavorare!

LÖSUNG

2 1E; 2D; 3A; 4B; 5C • **4** 1A; 2B; 3B; 4A; 5A; 6B; 7B; 8A

  123

In der Apotheke **in farmacia** bekommen Sie *Medikamente* **farmaci**, wie:

uno sciroppo	*einen Saft*
una pomata	*eine Salbe*
una tisana	*einen Kräutertee*
delle compresse	*Tabletten*
dei prodotti omeopatici	*homöopathische Mittel*
dei cerotti	*Pflaster*
delle gocce	*Tropfen*
delle supposte	*Zäpfchen*

  1

Sie wundern sich über die Wörtchen **delle** und **dei** in der Liste Das ist verständlich. Im Italienischen verwendet man **di +** bestimmter Artikel, wenn man eine unbestimmte Menge ode Anzahl angeben will.
Sehen Sie sich die Formen an.

Singular	Plural
di + il = del	di + i = dei
di + la = della	di + gli = degli
di + l' = dell'	di + le = delle

Im Deutschen lässt man in diesen Fällen den Artikel einfach weg. Lesen Sie Einzelheiten zum Teilung artikel und anderen Präpositionen mit Artikel in der Grammatik nach

Vorrei delle gocce contro il mal di pancia. heißt also auf Deutsch: *Ich hätte gerne Tropfen gegen Bauchschmerzen.*

7

Ordnen Sie den Sätzen die richtige Übersetzung zu und lernen Sie dabei weitere Ausdrücke für einen Besuch in der Apotheke.

1. ___ Avete delle supposte contro la febbre?

2. ___ Ho bisogno di una pomata per punture d'insetti.

3. ___ Vorrei delle compresse contro il mal di testa, per favore.

4. ___ Vorrei uno sciroppo contro la tosse, per favore.

A *Ich brauche eine Salbe für Insektenstiche.*
B *Ich hätte gerne Tabletten gegen Kopfschmerzen, bitte.*
C *Ich hätte gerne einen Hustensaft, bitte.*
D *Haben Sie Zäpfchen gegen Fieber?*

8

Was ist hier abgebildet? Finden Sie die Bezeichnung mit dem richtigen Teilungsartikel.

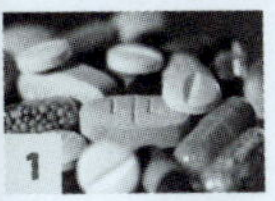

1. ▢ **A** delle compresse ▢ **B** degli compresse ▢ **C** della compresse

2. ▢ **A** della farmaci ▢ **B** del farmaci ▢ **C** dei farmaci

3. ▢ **A** della gocce ▢ **B** delle gocce ▢ **C** degli gocce

4. ▢ **A** degli cerotti ▢ **B** dei cerotti ▢ **C** delle cerotti

LÖSUNG

7 1D; 2A; 3B; 4C • **8** 1A; 2C; 3B; 4B

Um *das Aussehen* **l'aspetto** einer Person zu beschreiben, können diese Sätze nützlich sein:

È alto/basso.	*Er ist groß/klein.*
È snella/grassa.	*Sie ist schlank/dick.*
È bello/brutto.	*Er ist schön/hässlich.*
È mora/castana/bionda.	*Sie hat dunkle/braune/blonde Haare.*
È calvo.	*Er hat eine Glatze.*
Ha i capelli lunghi/corti.	*Er/Sie hat lange/kurze Haare.*
Ha i capelli lisci/ricci.	*Er/Sie hat glatte/lockige Haare.*
Ha gli occhi marroni/azzurri/verdi.	*Er/Sie hat braune/blaue/grüne Augen.*
Porta gli occhiali.	*Er/Sie trägt eine Brille.*

2 125

Den Charakter **il carattere** einer Person kann man mit folgenden Adjektiven gut beschreiben:

buono/a	*lieb*	**curioso/a**	*neugierig*
bravo/a	*gut*	**aperto/a**	*offen*
gentile	*höflich, nett*	**pettegolo/a**	*geschwätzig*
disponibile	*hilfsbereit*	**cattivo/a**	*böse*
intelligente	*intelligent*	**stupido/a**	*dumm*
socievole	*gesellig*	**noioso/a**	*langweilig*
vivace	*lebhaft*	**antipatico/a**	*unsympathisch*
simpatico/a	*sympathisch*	**chiuso/a**	*verschlossen*

3

Finden Sie auf der rechten Seite die Gegensätze der Ausdrücke auf der linken Seite!

1. È bella!	___ **A** È una persona cattiva.
2. È molto chiuso!	___ **B** È molto grassa!
3. È una ragazza simpatica.	___ **C** Ha i capelli lunghi.
4. È molto snella!	___ **D** È una ragazza alta.
5. È una persona brava.	___ **E** È molto aperto!
6. È una ragazza bassa.	___ **F** È brutta!
7. Ha i capelli corti.	___ **G** È una ragazza antipatica.

4

Welche Beschreibung passt zu diesen Personen?

1. ▢ **A** È simpatico. ▢ **B** È brutto. ▢ **C** È chiuso.

2. ▢ **A** È bionda. ▢ **B** Ha i capelli lunghi. ▢ **C** Ha i capelli ricci.

3. ▢ **A** Ha i capelli lunghi. ▢ **B** È calvo. ▢ **C** Porta gli occhiali.

LÖSUNG

3 1F; 2E; 3G; 4B; 5A; 6D; 7C • **4** 1A; 2B; 3C

Die Ausdrücke **molto** *sehr/viel*, **poco** *wenig*, **troppo** *zu (viel)* und **tanto** *sehr/viel* kommen häufig vor. Wenn sie als Adverbien gebraucht werden, also ein Adjektiv oder Verb näher beschreiben, sind sie unveränderlich: **Silvia è una ragazza molto bella**. *Silvia ist ein sehr schönes Mädchen.* bzw. **Roberto mi piace molto**. *Roberto gefällt mir sehr*. Bei adjektivischem Gebrauch sind sie veränderlich und haben je nach Geschlecht und Zahl des Substantivs, auf das sie sich beziehen, unterschiedliche Endungen. Die Formen im Überblick:

männlich Einzahl	weiblich Einzahl	männlich Mehrzahl	weiblich Mehrzahl
molto	**molta**	**molti**	**molte**
poco	**poca**	**pochi**	**poche**
troppo	**troppa**	**troppi**	**troppe**
tanto	**tanta**	**tanti**	**tante**

Es heißt also z. B.: **molte ragazze** *viele Mädchen*, aber: **molti ragazzi** *viele Jungs*. **Tanto** ist übrigens eine umgangssprachliche Variante von **molto**.

Ist **molto** in den folgenden Sätzen Adjektiv oder Adverb? Schreiben Sie in die Lücken die Buchstaben *Adj* bzw. *Adv.*

1. ________ Ho molti amici disponibili.
2. ________ Lisa ha i capelli molto lunghi.
3. ________ Molti italiani hanno gli occhi marroni.
4. ________ Sabrina è una ragazza molto alta e snella.

Kreuzen Sie die richtige Form an.

1. Chiara è ____ grassa.
   - A molti
   - B molta
   - C molto

2. Maria è ____ intelligente.
   - A tanta
   - B tanto
   - C tante

3. Sergio ha ____ capelli.
   - A poco
   - B pochi
   - C poche

4. Luigi ha ____ problemi.
   - A troppi
   - B troppo
   - C troppe

Das ist Maria! Sie erfahren hier etwas über ihren Charakter und ihr Aussehen. Lesen Sie die Beschreibung und fügen Sie in die Lücken die richtige Form von **molto** ein.

Maria viene da Roma. È mora.
Ha i capelli ________ lunghi e ricci e gli occhi neri. Non è ________ alta, ma è abbastanza snella.

È ________ aperta e simpatica.
Ha ________ amiche e ________ amici.
È buona e gentile. È intelligente.
Insomma, Maria è proprio una bella e brava ragazza!

LÖSUNG

6 **1.** Adj; **2.** Adv; **3.** Adj; **4.** Adv • **7** 1C; 2B; 3B; 4A •

8 molto; molto; molto; molte; molti

1 Grammatik

In der Grammatik werden alle im Kurs behandelten Regeln anschaulich erklärt. Das Symbol (§), das Sie in den Lektionen immer wieder gefunden haben, verweist auf die jeweiligen Grammatikthemen, die Sie auf den nächsten Seiten nachlesen können.

2 Grundwortschatz

Im Grundwortschatz erhalten Sie den wichtigsten Wortschatz, um sich vor Ort zu verständigen. Alle Wörter können Sie lesen und anhören.

3 Lektionswortschatz

Im Lektionswortschatz finden Sie alle wichtigen Wörter und einige Sätze aus jeder Lektion. So können Sie den Wortschatz lektionsweise und thematisch lernen und hören. Die Tondateien finden Sie unter www.pons.de/pocket-sprachkurs-IT

§ 1 DER ARTIKEL

Der bestimmte Artikel

männlich	Einzahl	Mehrzahl
vor Konsonant:	**il ragazzo**	**i ragazzi**
vor Vokal:	**l'amico**	**gli amici**
vor **s** + Konsonant, **z, ps, pn, gn, x, y**:	**lo studente**	**gli studenti**
	lo zaino	**gli zaini**
	lo psicologo	**gli psicologi**
weiblich		
vor Konsonant:	**la ragazza**	**le ragazze**
vor Vokal:	**l'amica**	**le amiche**

Maßgebend für die Form des Artikels ist der Anlaut des unmittelbar folgenden Wortes.

Der Gebrauch des bestimmten Artikels

Der bestimmte Artikel wird gebraucht:

1. vor Substantiven, die eine Gattung bezeichnen:

   Ti piacciono le carote? — *Magst du Karotten?*

2. vor Possessivpronomen:

   Adoro il mio insegnante. — *Ich verehre meinen Lehrer.*

3. vor den Namen der Tageszeiten und vor Wochentagen, wenn die regelmäßige Wiederkehr gemeint ist:

   Il sabato vado al mercato. — *Samstags gehe ich auf den Markt.*
   La sera sono stanca. — *Abends bin ich müde.*

4. vor Titel + Name (außer, wenn man die Person anspricht: **Buongiorno, signora Rossi!**):

Ecco la signora Rossi!	*Da ist Frau Rossi!*
Il signor Franchi è italiano.	*Herr Franchi ist Italiener.*

5. vor Namen von Kontinenten, Ländern, Regionen und großen Inseln (außer nach **in**):

Mi piace l'Italia.	*Italien gefällt mir.*

6. vor Gegenständen, von denen man in der Regel nur eines besitzt.

Hai la macchina?	*Hast du ein Auto?*
Porti sempre l'orologio?	*Trägst du immer eine Uhr?*

7. bei der Angabe der Uhrzeit:

Sono le nove.	*Es ist neun Uhr.*

8. vor den Namen von Körperteilen und sonstigen äußeren Merkmalen:

Maria ha gli occhi azzurri.	*Maria hat blaue Augen.*
Porti gli occhiali?	*Trägst du eine Brille?*

Im Gegensatz zum Deutschen wird der bestimmte Artikel nicht gebraucht:

1. bei einigen Ortsangaben nach **in**:

Vado in bagno.	*Ich gehe ins Bad.*

2. bei einigen Ortsangaben nach der Präposition **a**:

Porto i bambini a scuola.	*Ich bringe die Kinder in die Schule*
Stasera vado a teatro.	*Heute Abend gehe ich ins Theater.*
Vai a letto!	*Geh ins Bett!*

3. vor Jahreszeiten und Monatsnamen:

in estate/ottobre	*im Sommer/Oktober*

Verschmelzung der Präpositionen mit dem bestimmten Artike

Zu den Präpositionen > § 12

Der Gebrauch der Verschmelzungsformen Präposition + Artikel ist anders als im Deutschen obligatorisch! **La camicia è nell'armadio.** *Das Hemd hängt in dem/im Schrank.* **Il cuscino è sul letto.** *Das Kissen ist auf dem Bett.*

	il	lo	l'	la	i	gli	le
a	**al**	**allo**	**all'**	**alla**	**ai**	**agli**	**alle**
da	**dal**	**dallo**	**dall'**	**dalla**	**dai**	**dagli**	**dalle**
di	**del**	**dello**	**dell'**	**della**	**dei**	**degli**	**delle**
in	**nel**	**nello**	**nell'**	**nella**	**nei**	**negli**	**nelle**
su	**sul**	**sullo**	**sull'**	**sulla**	**sui**	**sugli**	**sulle**

In der Umgangssprache wird auch die Präpsition **con** *mit* gelegentlich mit dem nachfolgenden Artikel verbunden. Meist zieht man jedoch die getrennte Variante vor, also z. B.: **con il treno** *mit dem Zug*, **con i miei genitori** *mit meinen Eltern*.

Der unbestimmte Artikel

männlich	
vor Konsonant:	**un ragazzo**
vor Vokal:	**un amico**
vor **s** + Konsonant, **z, ps, pn, gn, x, y**:	**uno studente**
	uno zaino
	uno psicologo
weiblich	
vor Konsonant:	**una ragazza**
vor Vokal:	**un'amica**

Achtung: **un** hat bei männlichen Substantiven auch vor einem Vokal keinen Apostroph!

Der Teilungsartikel

Die Formen **un, uno, un'** sind mit den deutschen *ein, eine* vergleichbar. Im Deutschen besitzen diese unbestimmten Artikel keine Pluralform: Einzahl: ***ein Student*** – Mehrzahl: ***Studenten***. Als Pluralform der unbestimmten Artikel kann dagegen im Italienischen der Teilungsartikel stehen – die Verschmelzungsform der Präposition **di** mit dem bestimmten Artikel. Der Teilungsartikel kann auch im Singular bei nicht zählbaren Substantiven stehen. Dazu zählen auch abstrakte Begriffe, z. B.: **del coraggio** *Mut*.

männlich	Einzahl	Mehrzahl
vor Konsonant:	**del pane**	**dei ragazzi**
vor Vokal:	**dell'olio**	**degli amici**
vor **s** + Konsonant, **z, ps, pn, gn, x, y**:	**dello zucchero**	**degli studenti**
		degli zaini
		degli psicologi
weiblich		
vor Konsonant:	**della birra**	**delle ragazze**
vor Vokal:	**dell'acqua**	**delle amiche**

Der Teilungsartikel bezeichnet eine unbestimmte Menge bzw. unbestimmte Anzahl: **Vado a comprare del pane.** *Ich gehe (etwas) Brot kaufen.* **Preparo degli spaghetti.** *Ich koche Spaghetti.*

Den Teilungsartikel lässt man weg

- in verneinten Sätzen:

  Non abbiamo tempo. *Wir haben keine Zeit.*

- nach Mengenangaben mit einem Adjektiv:

  Ho molti libri. *Ich habe viele Bücher.*

- bei Aufzählungen, wenn die Menge dabei keine Rolle spielt:

  Ho comprato frutta, olio e pane. *Ich habe Obst, Öl und Brot gekauft.*

§ 2 DAS SUBSTANTIV

Das Geschlecht der Substantive

Woran kann man das Geschlecht italienischer Substantive (Hauptwörter) erkennen? Man muss wissen, dass sie entweder männlich oder weiblich sind (ein Neutrum kennt das Italienische nicht). Die Mehrzahl von ihnen ist drei großen Klassen zuzuordnen:

- Substantive auf **-o** sind meist männlich:

  il telefono, il libro, il letto, il piatto

- Substantive auf **-a** sind meist weiblich:

  la bicicletta, la casa, la moda, la pizza

- Substantive auf **-e** können männlich oder weiblich sein:

  il bicchiere, il padre, la notte, la madre

Aber:

Es gibt auch einige weibliche Substantive auf **-o**:

l'auto, la foto, la mano, la moto, la radio

Und es gibt auch ein paar männliche Substantive auf **-a**:

il cinema, il dentista, il poeta, il programma, il problema

sowie einige, die auf einen Konsonanten enden:

il bar, il film, il fax, lo sport, l'autobus, il tram

Achtung: Das Geschlecht der Substantive auf **-e** können Sie nur am dazugehörigen Artikel oder einem begleitenden Adjektiv erkennen: **Che madre simpatica**! *Was für eine sympathische Mutter!* **Che padre severo!** *Was für ein strenger Vater!*

Personenbezeichnungen

Männliche und weibliche Bezeichnungen von Personen unterscheiden sich oft in der Endung. Die häufigsten Endungspaare sind:

Endungen	männlich	weiblich
-o/-a	**il ragazzo**	**la ragazza**
-e/-a	**il signore**	**la signora**
-tore/-trice	**l'attore**	**l'attrice**
-e/-essa	**lo studente**	**la studentessa**

Leider können Personenbezeichnungen nicht immer nur nach diesem Muster abgeleitet werden. Ausnahmen sind häufig: z. B. **il nipote/la nipote**. Viele Bezeichnungen haben für beide Geschlechter nur eine Form. Meist enden Sie auf **-ante**, **-ente**, **-ese** oder **-ista**: **il/la turista**, **l'insegnante**, **il/la francese.**

Mehrzahl der Substantive

Männliche Substantive auf **-o** und alle Substantive auf **-e** bilden den Plural auf **-i**; weibliche Substantive auf **-a** bilden den Plural auf **-e**:

	Einzahl	Mehrzahl
männlich	**il libro**	**i libri**
männlich	**il pesce**	**i pesci**

weiblich	**la gonna**	**le gonne**
weiblich	**la notte**	**le notti**

Besonderheiten bei der Mehrzahlbildung

1. Substantive auf **-co, -ca, -go, -ga**

- Männliche Substantive auf **-co** und **-go** mit Betonung auf der vorletzten Silbe bilden den Plural auf **-chi** bzw. **-ghi**:

il tedesco, i tedeschi	*der Deutsche, die Deutschen*
il lago, i laghi	*der See, die Seen*

Ausnahmen: **l'amico – gli amici; il greco – i greci**

- Männliche Substantive auf **-co** und **-go** mit Betonung auf der drittletzten Silbe bilden den Plural auf **-ci** bzw. **-gi**:

il medico, i medici	*der Arzt, die Ärzte*
l'asparago, gli asparagi	*der Spargel, die Spargel*

- Weibliche Substantive auf **-ca** und **-ga** bilden immer den Plural auf **-che** bzw. **-ghe**:

l'amica, le amiche	*die Freundin, die Freundinnen*
la collega, le colleghe	*die Kollegin, die Kolleginnen*

2. Substantive auf **-io, -ia**

- Bei Substantiven mit betontem **-i-** wird die regelmäßige Pluralbildung angefügt (was bei männlichen Substantiven zu **-ii** führt):

lo zio, gli zii	der *Onkel, die Onkel*
la bugia, le bugie	*die Lüge, die Lügen*

- Substantive auf **-io** mit unbetontem **-i-** bilden den Plural auf **-i**:

l'armadio, gli armadi	*der Schrank, die Schränke*
il negozio, i negozi	*der Laden, die Läden*

3. Substantive auf **-cia** und **-gia** bilden den Plural auf **-ce** bzw. **-ge**, wenn dem **-c-** oder dem **-g-** ein weiterer Konsonant vorausgeht, auf **-cie, -gie**, wenn ein Vokal vorausgeht:

l'arancia, le arance	*die Orange, die Orangen*
la camicia, le camicie	*das Hemd, die Hemden*

4. Männliche Substantive auf **-a** bilden den Plural auf **-i:**

il problema, i problemi	*das Problem, die Probleme*

5. Unveränderliche Substantive sind:

- Substantive, die mit betontem Vokal oder auf **-i** enden:

il caffè, i caffè	*der Kaffee, die Kaffees*
la crisi, le crisi	*die Krise, die Krisen*

- Substantive, die auf einen Konsonanten enden

il film, i film	*der Film, die Filme*

- Substantive, die eigentlich Kurzformen sind, z. B. **cinema** von **cinematografo**. Meist sind es weibliche Substantive auf **-o**:

la foto, le foto	*das Foto, die Fotos*
la radio, le radio	*das Radio, die Radios*

Ob ein unveränderliches Substantiv in der Einzahl oder Mehrzahl gebraucht wird, erkennen Sie am Artikel. Es empfiehlt sich, diese Substantive als Einzelfälle auswendig zu lernen.

Substantive mit Geschlechtswechsel

Einige männliche Substantive werden im Plural weiblich und enden dabei auf **-a**. So z. B.

il dito - le dita	*der Finger - die Finger*
il ginocchio - le ginocchia	*das Knie - die Knie*
l'uovo - le uova	*das Ei - die Eier.*

Gut zu wissen: **La gente** *die Leute* und **l'uva** *die Trauben* sind im Italienischen Singular!
Le forbici *die Schere*, **i baffi** *der Schnurrbart*, **i soldi** *das Geld*, **i pantaloni** *die Hose*, **gli occhiali** *die Brille* hingegen stehen im Italienischen immer im Plural!

§ 3 DAS ADJEKTIV

Die Endungen der Adjektive

1. Adjektive mit der Endung **-o**

	männlich	weiblich
Einzahl	**un museo moderno**	**una casa moderna**
Mehrzahl	**i musei moderni**	**le case moderne**

In der Mehrzahl wird die männliche Endung **-o** zu **-i** und die weibliche Endung **-a** zu **-e**.

2. Adjektive mit der Endung **-e**

	männlich	weiblich
Einzahl	**un ragazzo vivace**	**una ragazza vivace**
Mehrzahl	**i ragazzi vivaci**	**le ragazze vivaci**

Adjektive auf **-e** haben für beide Geschlechter eine einzige Form und enden in der Mehrzahl auf **-i.**

Adjektive richten sich im Italienischen in Geschlecht und Zahl immer nach den Substantiven/Personen, auf die sie sich beziehen (auch wenn das Verb dazwischen steht):

männlich: **Gianni è curioso. Gianni e Carlo sono curiosi.**
männlich und weiblich: **Gianni e Maria sono curiosi.**
weiblich: **Maria è curiosa. Maria e Tina sono curiose.**

Wenn die bezeichneten Substantive/Personen aus einer gemischten (männlichen und weiblichen) Mehrzahl bestehen, verwendet man also die männliche Pluralform des Adjektivs.

Besonderheiten bei der Mehrzahlbildung

1. Für Adjektive mit den Endungen **-co/-ca, -go/-ga** und **-io/-ia** gelten in der Pluralbildung meist die gleichen Regeln wie bei Substantiven (s. §2 Das Substantiv). Aber Achtung: Adjektive auf **-go** bilden (anders als die Substantive!) den Plural immer auf **-ghi**!

2. Unveränderliche Adjektive sind:

- manche Farbbezeichnungen: **beige, blu** *dunkelblau*, **lilla, rosa, turchese** *türkis*, **viola** *violett*

- Adjektive, die als Fremdwörter gelten, z. B.: **chic, snob, standard, tabù**

Die Stellung der Adjektive

Anders als im Deutschen steht die Mehrzahl der Adjektive im Italienischen nach dem Substantiv: **una signora interessante** *eine interessante Frau.*

Es gibt aber auch einige Adjektive, die meistens vorangestellt werden, so z. B.: **bello, bravo, buono, caro, cattivo, giovane, grande, piccolo, santo, strano, vecchio.**

una bella giornata	*ein schöner Tag*
una piccola casa	*ein kleines Haus*

Die Steigerung der Adjektive

1. Der Komparativ wird gebildet durch Voranstellen von **più.** Das deutsche *als* wird in vergleichenden Sätzen durch **di** wiedergegeben:

Sara è più alta di me.	*Sara ist größer als ich.*

2. Der relative Superlativ wird mit dem Komparativ und dem bestimmten Artikel gebildet.

Silvio è il ragazzo più simpatico della classe.	*Silvio ist der sympathischste Junge der Klasse.*

3. Der absolute Superlativ, der den sehr hohen Grad einer Eigenschaft ausdrückt, wird durch die Endung **-issimo** gebildet:

Roma è bellissima!	*Rom ist wunderschön!*

Aufgepasst: Wenn der Stamm des Adjektivs auf **-co** oder **-go** endet, wird beim absoluten Superlativ meist ein **-h-** eingeschoben: **antico – antichissimo, lungo – lunghissimo.**

§ 4 DAS ADVERB

Die ursprünglichen Adverbien

Eine sehr große Gruppe von Adverbien sind die ursprünglichen Adverbien, die von keinem anderen Wort abgeleitet sind. Hier einige Beispiele: **volentieri** *gern*; **abbastanza** *ziemlich*; **soltanto** *lediglich*; **anche** *auch*; **quasi** *fast*; **qui** *hier*; **là** *dort*; **adesso** *jetzt*; **allora** *damals*; **oggi** *heute*; **ieri** *gestern*; **purtroppo** *leider*; **spesso** *oft*; **forse** *vielleicht*; **magari** *vielleicht*. Dazu gehören auch die häufig vorkommenden Adverbien **molto** *viel*, **poco** *wenig*, **troppo** *zu viel* und **tanto** *viel*:

La signora è molto bella.	*Die Dame ist sehr schön.*
Non bere troppo!	*Trink nicht zu viel!*

Poco wird oft zu **un po'** verkürzt: **Sono un po' triste.** *Ich bin ein bisschen traurig.*

Molto, **poco**, **troppo** und **tanto** können als unbestimmte Pronomen auch adjektivisch und pronominal gebraucht werden. (siehe §6 Die unbestimmten Pronomen)

Die abgeleiteten Adverbien

Die meisten Adverbien sind von Adjektiven abgeleitet und werden durch das Anhängen der Endung **-mente** gebildet:

- weibliche Form der Adjektive auf **-o/-a + -mente**:

stupida - stupidamente	*dumm*

- Adjektive auf **-e + -mente:**

semplice - semplicemente	*einfach*

- Adjektive auf **-le, -re** verlieren das **e:**

probabile - probabilmente	*wahrscheinlich*

§ 5 DAS POSSESSIVPRONOMEN

Gebrauch

Meistens steht das Possessivpronomen vor dem Substantiv, dessen Besitz es bezeichnet. In diesem Fall spricht man von adjektivischem Gebrauch:

La mia macchina è rossa.	*Mein Auto ist rot.*

Es kann aber auch alleine stehen. In diesem Fall handelt es sich um pronominalen Gebrauch:

Questa è la tua macchina? – **No, la mia è rossa.**	*Ist das dein Auto? –* *Nein, meins ist rot.*

Achtung: Anders als im Deutschen wird in der 3. Person Singular nicht zwischen männlichem und weiblichem Besitzer unterschieden! **la sua macchina** = *sein Auto/ihr Auto*

Formen

Einzahl		Mehrzahl	
männlich	weiblich	männlich	weiblich
il mio	**la mia**	**i miei**	**le mie**
il tuo	**la tua**	**i tuoi**	**le tue**
il suo	**la sua**	**i suoi**	**le sue**
il Suo	**la Sua**	**i Suoi**	**le Sue**
il nostro	**la nostra**	**i nostri**	**le nostre**
il vostro	**la vostra**	**i vostri**	**le vostre**
il loro	**la loro**	**i loro**	**le loro**

Das Possessivpronomen wird (außer bei Verwandtschafts-bezeichnungen in der Einzahl) immer zusammen mit dem bestimmten Artikel verwendet! Der bestimmte Artikel und das Possessivpronomen richten sich dabei in Geschlecht und Zahl nach dem Besitz. Nur **loro** bleibt unverändert.

Possessivpronomen bei Verwandtschaftsbezeichnungen

Der bestimmte Artikel fällt bei Verwandtschaftsbezeichnunge in der Einzahl in der Regel weg, z. B.: **mia madre, mio padre.**

Aber der Artikel steht immer

- bei **loro: il loro figlio**
- bei Verwandtschaftsbezeichnungen in der Mehrzahl: **i miei figli, le mie sorelle**
- bei einigen Kosenamen wie: **la mia mamma**

§ 6 UNBESTIMMTE PRONOMEN

Poco, molto, tanto, troppo

- **poco**

  Adjektiv: **Ho poche amiche.** *Ich habe wenige Freundinnen.*
  Pronomen: **Pochi fanno sport.** *Wenige machen Sport.*

- **molto**

  Adjektiv: **con molta pazienza** *mit viel Geduld*
  Pronomen: **È amata da molti.** *Sie wird von vielen geliebt.*

- **tanto** ist bedeutungsgleich mit **molto**.

- **troppo**

  Adjektiv: **Mangio troppi dolci.** *Ich esse zu viele Süßigkeiten.*
  Pronomen: **Troppi lo fanno.** *Zu viele tun das.*

§ 7 PERSONALPRONOMEN

Die Subjektpronomen

Einzahl		Mehrzahl	
io	*ich*	**noi**	*wir*
tu	*du*	**voi**	*ihr*
lui/lei	*er/sie*	**Voi**	*Sie*
Lei	*Sie*	**loro**	*sie*

Anders als im Deutschen lässt man das Subjektpronomen meistens weg. Die entsprechende Person erkennt man an der Verbform: **Vado al cinema**. *Ich gehe ins Kino.* **Dove vai?** *Wohin* *gehst du?* Benutzen Sie das Subjektpronomen also nur, wenn Sie eine Person oder mehrere Personen gegenüber anderen hervorheben möchten:

Noi andiamo in macchina, loro invece preferiscono andare a piedi. *Wir fahren mit dem Auto, aber sie möchten lieber zu Fuß gehen.*

Io amo la musica e lui il teatro. *Ich liebe Musik und er das Theater.*

Die Höflichkeitsform im Singular wird im Italienischen durch **Lei** + 3. Person Singular ausgedrückt. Wenn man mehrere Personen anspricht, wird meist **Voi** + 2. Person Plural gebraucht; **Loro** ist sehr formell, daher seltener. In diesem Fall können **Lei**, **Voi** und **Loro** groß oder klein geschrieben werden. In der Handelskorrespondenz wird meist die 2. Person Plural **(Voi)** als Anredeform verwendet.

Die Objektpronomen

direktes Objekt		indirektes Objekt	
mi	*mich*	**mi**	*mir*
ti	*dich*	**ti**	*dir*
lo	*ihn/es*	**gli**	*ihm*
la	*sie/es*	**le**	*ihr*
La	*Sie*	**Le**	*Ihnen*
ci	*uns*	**ci**	*uns*
vi	*euch*	**vi**	*euch*
li	*sie* (mask.)	**gli, loro**	*ihnen* (mask.)
le	*sie* (fem.)	**gli, loro**	*ihnen* (fem.)
Vi	*Sie*	**Vi, Loro**	*Ihnen*

Die direkten Objektpronomen ersetzen ein direktes Objekt. Dieses erkennen Sie am Fehlen der Präposition **a** vor dem jeweiligen Substantiv.

Stasera faccio una pizza. La preparo con i funghi.
Heute Abend mache ich eine Pizza. Ich bereite sie mit Pilzen zu.
Poi leggo un libro. Lo leggo sul divano.
Danach lese ich ein Buch. Ich lese es auf dem Sofa.

Mit den indirekten Objektpronomen ersetzen Sie ein indirektes Objekt, das Sie am Vorhandensein der Präposition **a** beim jeweiligen Substantiv erkennen.

Che cosa regali a tua sorella? – Le regalo un CD.
Was schenkst du deiner Schwester? – Ich schenke ihr eine CD.
Scrivi un'e-mail a tuo zio? – Sì gli scrivo.
Schreibst du deinem Onkel eine E-Mail? – Ja, ich schreibe ihm.

§ 8 DIE VERBEN

Im Italienischen unterscheidet man drei Konjugationen:

- die Verben auf **-are** (z. B.: **guardare** *schauen*)
- die Verben auf **-ere** (z. B.: **prendere** *nehmen*)
- die Verben auf **-ire** (z. B.: **dormire** *schlafen*)

Das Präsens der regelmäßigen Verben

Verben auf -are

	guardare
(io)	guard**o**
(tu)	guard**i**
(lui/lei/Lei)	guard**a**
(noi)	guard**iamo**
(voi)	guard**ate**
(loro)	guard**ano**

Bei den regelmäßigen Verben auf **-are** werden die Endungen **-o**, **-i**, **-a**, **-iamo**, **-ate** und **-ano** an den Verbstamm, in diesem Fall **guard-**, gehängt.

Verben auf -ere

	prendere
(io)	prend**o**
(tu)	prend**i**
(lui/lei/Lei)	prend**e**
(noi)	prend**iamo**
(voi)	prend**ete**
(loro)	prend**ono**

Das Präsens der regelmäßigen Verben auf **-ere** wird duch das Anhängen der Endungen **-o**, **-i**, **-e**, **-iamo**, **-ete** und **-ono** an den Verbstamm gebildet.

Verben auf -ire

	dormire
(io)	dorm**o**
(tu)	dorm**i**
(lui/lei/Lei)	dorm**e**
(noi)	dorm**iamo**
(voi)	dorm**ite**
(loro)	dorm**ono**

Die Präsensformen der regelmäßigen Verben auf **-ire** bilden Sie, indem Sie die Endungen **-o**, **-i**, **-e**, **-iamo**, **-ite** und **-ono** an den Verbstamm anhängen.

Beim Konjugieren der regelmäßigen Verben bleibt der Verbstamm – bei unseren Beispielen: **guard-**, **prend-** und **dorm-** – unverändert. Bei den unregelmäßigen Verben verändert er sich. Die meisten Verben auf **-are** und **-ire** sind übrigens regelmäßig.

Verben auf -ire mit Stammerweiterung

	finire
(io)	fin**isco**
(tu)	fin**isci**
(lui/lei/Lei)	fin**isce**
(noi)	fin**iamo**
(voi)	fin**ite**
(loro)	fin**iscono**

Bei sehr vielen Verben auf **-ire** werden die Präsensendungen an den erweiterten Verbstamm **-isc-** gehängt, hier: **fin-** + **-isc-**. Nur die 1. und 2. Person Plural sind ausgenommen.

Für Verben mit Stammerweiterung gibt es leider kein Erkennungsmerkmal: Nur durch einen schnellen Blick ins Wörterbuch können Sie sich vergewissern, wie sich ein Verb auf **-ire** verhält.

Verben auf -care und -gare

gio**care**	pa**gare**
gioco	pago
gioc**h**i	pag**h**i
gioca	paga
gioc**h**iamo	pag**h**iamo
giocate	pagate
giocano	pagano

Bei Verben auf **-care** und **-gare** wird in der 2. Person Singular (**tu**) und der 1. Person Plural (**noi**) vor die Endung ein **-h-** geschoben, damit die Aussprache von **-c-** und **-g-** gleich bleibt.

Reflexive Verben

Es gibt reflexive Verben auf -**arsi**, -**ersi** und -**irsi**. Sie werden wie die Verben auf **-are**, **-ere** und **-ire** in den obigen Tabellen konjugiert, allerdings mit dem Unterschied, dass die Reflexivpronomen **mi**, **ti**, **si**, **ci**, **vi**, **si** vor dem Verb stehen.

lav**arsi**	mett**ersi**	vest**irsi**
mi lav**o**	**mi** mett**o**	**mi** vest**o**
ti lav**i**	**ti** mett**i**	**ti** vest**i**
si lav**a**	**si** mett**e**	**si** vest**e**
ci lav**iamo**	**ci** mett**iamo**	**ci** vest**iamo**
vi lav**ate**	**vi** mett**ete**	**vi** vest**ite**
si lav**ano**	**si** mett**ono**	**si** vest**ono**

Wie im Deutschen gibt es auch im Italienischen Verben, die sowohl reflexiv als auch nicht reflexiv sein können: **lavare** *waschen* – **lavarsi** *sich waschen*. Manche Verben sind im Italienischen reflexiv, im Deutschen nicht, wie: **svegliarsi** *aufwachen* **alzarsi** *aufstehen*.

Das Präsens der unregelmäßigen Verben

Einige unregelmäßige Verben werden sehr oft gebraucht, wie:

essere	avere
sono	ho
sei	hai
è	ha
siamo	abbiamo
siete	avete
sono	hanno

Verwechseln Sie nicht **è** (mit Akzent) = *er/sie/es ist* mit **e** (ohne Akzent) = *und*!

Es gibt nur vier unregelmäßige Verben auf **-are**:

andare	dare	fare	stare
vado	do	faccio	sto
vai	dai	fai	stai
va	dà	fa	sta
andiamo	diamo	facciamo	stiamo
andate	date	fate	state
vanno	danno	fanno	stanno

Die wichtigsten der wenigen unregelmäßigen Verben auf **-ire**:

dire	uscire	venire
dico	esco	vengo
dici	esci	vieni
dice	esce	viene
diciamo	usciamo	veniamo
dite	uscite	venite
dicono	escono	vengono

Die meisten unregelmäßigen Verben enden auf **-ere**. Dazu gehören auch die Modalverben **dovere** *müssen/sollen*, **potere** *können*, **volere** *wollen* und **sapere** *wissen*.

dovere	potere	volere	sapere
devo	posso	voglio	so
devi	puoi	vuoi	sai
deve	può	vuole	sa
dobbiamo	possiamo	vogliamo	sappiamo
dovete	potete	volete	sapete
devono	possono	vogliono	sanno

§ 9 DER IMPERATIV – DIE BEFEHLSFORM

Der bejahte Imperativ

	scusare	prendere	sentire
tu	scusa	prendi	senti
Lei	scusi	prenda	senta
noi	scusiamo	prendiamo	sentiamo
voi	scusate	prendete	sentite

Der bejahte Imperativ in der 2. Person Einzahl (**tu**-Form) entspricht bei den Verben auf **-are** der 3. Person Einzahl Präsens. Bei den Verben auf **-ere** und **-ire** nimmt man dagegen die 2. Person Einzahl Präsens.

Der Imperativ der 3. Person Einzahl (**Lei**-Form) wird gebildet, indem man bei den Verben auf **-are** ein **-i** an den Verbstamm hängt und bei den Verben auf **-ere** und **-ire** ein **-a**.

Der verneinte Imperativ

Der verneinte Imperativ der 2. Person Singular wird mit **non** + Infinitiv gebildet, z. B.: **Non fumare**! *Rauche nicht!* **Non parlare**! *Sprich nicht!*

Bei den anderen Personen setzen Sie einfach **non** vor die Formen des bejahten Imperativs, z. B.: **Non guardi!** *Schauen Sie nicht!* **Non ascoltiamo!** *Hören wir nicht zu!*

§ 10 DIE UNPERSÖNLICHE FORM SI

Das deutsche *man* wird im Italienischen meist durch **si** + Verb in der 3. Person Einzahl wiedergegeben. Wenn das direkte Objekt ein Substantiv in der Mehrzahl ist, steht - anders als im Deutschen - auch das Verb in der Mehrzahl. Beispiel:

- Objekt im Singular: **In Italia si parla italiano.** *In Italien spricht man Italienisch.*
- Objekt im Plural: **In Europa si parlano molte lingue.** *In Europa spricht man viele Sprachen.*

§ 11 DIE VERNEINUNG

Einfache Verneinung mit no

No heißt *nein*: **Sei italiano? - No!** *Bist du Italiener? - Nein!*

Die Verneinung mit **no** steht in Satzteilen ohne Verb:

Vuoi un bicchiere di vino? - No, grazie.
Möchtest du ein Glas Wein? - Nein, danke.

Am Satzende bedeutet **no** in der Regel *nicht*:

Io sto bene, ma lei no.	*Mir geht es gut, aber ihr nicht.*
Perché no?	*Warum nicht?*
Lo vuoi o no?	*Willst du es oder nicht?*

Einfache Verneinung mit non

Die Verneinung *nicht* wird in vollständigen Sätzen mit **non** ausgedrückt. **Non** steht immer vor dem konjugierten Verb; wenn an dieser Stelle bereits ein Pronomen steht, wird **non** unmittelbar vor das Pronomen gesetzt.

Non vai al cinema?	*Gehst du nicht ins Kino?*
Non mi piace.	*Es gefällt mir nicht.*

Mit **non** kann man auch das deutsche *kein* ausdrücken:

Non ho paura.	*Ich habe keine Angst.*

Mehrteilige Verneinung

Stehen folgende Ausdrücke nach dem Verb, so muss vor dem konjugierten Verb **non** stehen:

niente *nichts*	**Non mangiamo niente.**	*Wir essen nichts.*
nessuno *niemand*	**Non viene nessuno.**	*Es kommt niemand.*
mai *nie*	**Non legge mai.**	*Er/Sie liest nie.*
più *nicht mehr*	**Non piove più.**	*Es regnet nicht mehr.*
ancora *noch nicht*	**Non piove ancora.**	*Es regnet noch nicht.*

§ 12 DIE PRÄPOSITIONEN

Der Gebrauch der italienischen Präpositionen ist nicht immer ganz einfach. Manche Präpositionen haben mehrere verschiedene Bedeutungen, die sich zum Teil auch überschneiden können. Wie Sie die Präpositionen anwenden, lernen Sie deshalb am besten durch den aktiven Umgang mit der Sprache. Im Folgenden werden die wichtigsten Präpositionen und ihre unterschiedlichen Bedeutungen vorgestellt.

Die Präposition a

- Räumlich: **Sono/Vado a Milano.** *Ich bin in/Ich fahre nach Mailand*; **a casa** *zu/nach Hause*; **a scuola** *in der/die Schule*; **al mare** *am/ans Meer*
- Zeitlich: **alle due** *um zwei Uhr*; **A presto/domani!** *Bis bald/morgen!*; **a Natale** *an Weihnachten*; **due volte al mese** *zweimal im Monat*
- Sonstiges: **Scrivo una lettera a Gianna.** *Ich schreibe Gianna einen Brief.*; **risotto ai funghi** *Risotto mit Pilzen*

Die Präposition di

- Räumlich: **Sono di Roma.** *Ich bin aus Rom.*
- Zeitlich: **di mattina** *morgens*; **di giovedì** *donnerstags*; **d'inverno** *im Winter*
- Sonstiges: **la bicicletta di Pino** *Pinos Fahrrad*; **il professore di inglese** *der Englischlehrer*; **un piatto di vetro** *ein Teller aus Glas*; **un chilo di pane** *ein Kilo Brot*; **più bello di lui** *schöner als er*; **un figlio di vent'anni** *ein zwanzigjähriger Sohn*

Die Präposition da:

- Räumlich: **Vengo da casa.** *Ich komme von zu Hause.*; **Vai dal dentista!** *Geh zum Zahnarzt!*; **Vengo da voi.** *Ich komme zu euch.*
- Zeitlich: **da oggi** *ab heute*; **da ieri** *seit gestern*

Gut zu wissen: **Sono di Roma**. und **Vengo da Roma.** sind praktisch bedeutungsgleich: *Ich komme/bin aus Rom.* Achten Sie aber auf die unterschiedlichen Präpositionen!

Die Präposition su

- Räumlich: **Il libro è sul tavolo.** *Das Buch ist auf dem Tisch.;*
- Sonstiges: **un documentario su Roma** *ein Dokumentarfilm über Rom;* **Su, vieni!** *Los, komm!*

Die Präposition per

- Räumlich: **Alle tre parto per Bonn.** *Um drei fahre ich nach Bonn ab.;* **viaggiare per l'Europa** *durch Europa reisen*
- Zeitlich: **per un'ora** *eine Stunde lang;* **Per le otto la cena è pronta.** *Bis um acht ist das Abendessen fertig.*
- Sonstiges: **per te** *für dich;* **per amore** *aus Liebe;* **per posta** *mit der Post*

Die Präposition in

- Räumlich: **Sono/vado in Italia.** *Ich bin in/Ich fahre nach Italien.;* **in Sicilia** *in/nach Sizilien*
- Zeitlich: **in giugno** im Juni; **in primavera** *im Frühling*
- Sonstiges: **andare in macchina/in bicicletta** *mit dem Auto/Fahrrad fahren;* **In dieci minuti sono in ufficio.** *In zehn Minuten bin ich im Büro.*

Die Präposition con

- in der Bedeutung *mit*: **Venite con noi.** *Kommt mit uns.*; **Giochi a calcio con Maximilian?** *Spielst du mit Maximilian Fußball?*; **Mi piace il riso con il burro.** *Ich mag Reis mit Butter.*; **Il signore con i baffi è mio padre.** *Der Mann mit dem Schnurrbart ist mein Vater.*
- Kausal: **Con questo freddo non usciamo.** *Bei dieser Kälte gehen wir nicht raus.*

§ 13 DIE UHRZEIT

Nach der Uhrzeit fragt man mit **Che ora è?** oder **Che ore sono?**

Bei Mittag und Mitternacht antwortet man mit der 3. Person Einzahl des Verbs **essere**: **È mezzogiorno.** *Es ist zwölf Uhr mittags.*; **È mezzanotte**. *Es ist Mitternacht.*

Wenn es *ein Uhr* ist, sagt man: **È l'una**.

Ansonsten gibt man die Uhrzeit immer mit der 3. Person Mehrzahl des Verbs **essere** an: **Sono le...** *Es ist ... Uhr.* Die Minuten werden bis zur 39. Minute mit der Konjunktion **e** an die Stunde angehängt:

Sono le quattro.

Sono le quattro e cinque.

Sono le quattro e venti.

Viertel nach heißt **e un quarto**, *halb* wird mit **e mezza** wiedergegeben:

Sono le quattro e un quarto.

Sono le quattro e mezza.

Ab der 40. Minute werden die Minuten von der folgenden Stunde abgezogen. *Viertel vor* heißt **meno un quarto**:

Sono le cinque meno venti.

Sono le cinque meno un quarto.

Sono le cinque meno dieci.

Sowohl vormittags als auch nachmittags zählt man bei der Angabe der Uhrzeit bis zwölf. Nur in offiziellem Rahmen wie Fernsehen, Radio, Bahnhof etc. wird bis 24 Uhr gezählt:
Il treno per Firenze parte alle ore 16.00. *Der Zug nach Florenz fährt um 16.00 Uhr ab.*

PERSONALPRONOMEN

io	*ich*
tu	*du*
lui	*er*
lei	*sie (Sing.)*
Lei	*Sie*
noi	*wir*
voi	*ihr*
loro	*sie (Pl.)*

REFLEXIVPRONOMEN

mi	*mich*
ti	*dich*
si	*sich*
ci	*uns*
vi	*euch*
si	*sich*

POSSESSIVPRONOMEN

mio/mia	*mein(e)*
tuo/tua	*dein(e)*
suo/sua	*sein(e)/ihr(e)*
Suo/Sua	*Ihr(e)*
nostro/nostra	*unser(e)*
vostro/vostra	*euer(e)*
loro	*ihr(e)*
miei/mie	*meine*
tuoi/tue	*deine*
suoi/sue	*seine/ihre*
Suoi/Sue	*Ihre*
nostri/nostre	*unsere*
vostri/vostre	*euere*
loro	*ihre*

KONJUNKTIONEN

e	*und*
o	*oder*
quando	*wenn, als*
perché	*weil*
dunque	*also*
allora	*dann, also*
ma	*aber*

FRAGEWÖRTER

chi	*wer*
come	*wie*
dove	*wo; wohin*
di dove	*woher*
quale	*welche(r)*
quanto	*wie viel(e); wie lang(e)*
che (cosa)	*was*
quando	*wann*
perché	*warum*

WICHTIGE VERBEN

abitare	*wohnen*
aggiungere	*hinzufügen*
alzarsi	*aufstehen*
andare	*gehen, fahren*
aprire	*öffnen*
arrivare	*ankommen*
asciugarsi	*sich abtrocknen*
ascoltare	*hören*
avere	*haben*
ballare	*tanzen*
bere	*trinken*
cenare	*zu Abend essen*
cercare	*suchen*

chiamare	*anrufen*
chiamarsi	*heißen*
costare	*kosten*
cucinare	*kochen*
desiderare	*wünschen*
dormire	*schlafen*
esserci	*da sein*
essere	*sein*
fare	*machen, tun*
farsi il bagno	*baden*
farsi la barba	*sich rasieren*
farsi la doccia	*duschen*
finire	*beenden*
funzionare	*funktionieren*
giocare	*spielen*
girare	*abbiegen*
guadagnare	*verdienen*
lavare	*waschen*
lavarsi	*sich waschen*
lavarsi i denti	*sich die Zähne putzen*
lavorare	*arbeiten*
leggere	*lesen*
mancare	*fehlen*
mangiare	*essen*
mettere	*tun, stellen, legen*
nuotare	*schwimmen*
parlare	*sprechen*
partire	*ab-, losfahren*
passare	*verbringen; vorbeigehen*
pettinarsi	*sich kämmen*
piacere	*gefallen*
portare	*tragen; bringen*
pranzare	*zu Mittag essen*
preferire	*bevorzugen; lieber mögen*
prelevare	*abheben (Geld)*
prendere	*nehmen*
prenotare	*reservieren*
preparare	*vor-; zubereiten*
provare	*(an)probieren*
rilassare	*entspannen*
riposare	*ausruhen*
rosolare	*anbraten*
sbattere	*schlagen*
sbucciare	*schälen*
scendere	*aussteigen*
sciare	*Ski fahren*
scrivere	*schreiben*
scusare	*entschuldigen*
seguire	*folgen*
sentire	*hören*
soffriggere	*andünsten*
spedire	*absenden*
stare	*sein, bleiben*
svegliarsi	*aufwachen*
tagliare	*schneiden*
tornare	*zurückkommen*
truccarsi	*sich schminken*
uscire	*ausgehen*
vedere	*sehen*
venire	*kommen*
versare	*gießen*
vestirsi	*sich anziehen*
viaggiare	*reisen*
vivere	*leben*

GRUNDZAHLEN

zero	*null*
uno	*eins*
due	*zwei*
tre	*drei*
quattro	*vier*
cinque	*fünf*
sei	*sechs*

sette	*sieben*
otto	*acht*
nove	*neun*
dieci	*zehn*
undici	*elf*
dodici	*zwölf*
tredici	*dreizehn*
quattordici	*vierzehn*
quindici	*fünfzehn*
sedici	*sechzehn*
diciassette	*siebzehn*
diciotto	*achtzehn*
diciannove	*neunzehn*
venti	*zwanzig*
trenta	*dreißig*
quaranta	*vierzig*
cinquanta	*fünfzig*
sessanta	*sechzig*
settanta	*siebzig*
ottanta	*achtzig*
novanta	*neunzig*
cento	*hundert*
centouno	*hunderteins*
duecento	*zweihundert*
mille	*tausend*
duemila	*zweitausend*
tremilacento	*dreitausendeinhundert*
un milione	*eine Million*

ORDNUNGSZAHLEN

primo	*erste(r)*
secondo	*zweit(r)*
terzo	*dritte(r)*
quarto	*vierte(r)*
quinto	*fünfte(r)*
sesto	*sechste(r)*
settimo	*siebte(r)*
ottavo	*achte(r)*
nono	*neunte(r)*
decimo	*zehnte(r)*

MONATE

gennaio	*Januar*
febbraio	*Februar*
marzo	*März*
aprile	*April*
maggio	*Mai*
giugno	*Juni*
luglio	*Juli*
agosto	*August*
settembre	*September*
ottobre	*Oktober*
novembre	*November*
dicembre	*Dezember*

WOCHENTAGE

il lunedì	*der Montag*
il martedì	*der Dienstag*
il mercoledì	*der Mittwoch*
il giovedì	*der Donnerstag*
il venerdì	*der Freitag*
il sabato	*der Samstag*
la domenica	*der Sonntag*

SONSTIGES

sì	*ja*
no	*nein*
non	*nicht, kein(e)*
grazie	*danke*
prego	*bitte*
per favore/ cortesia	*bitte (wenn man etwas verlangt)*

si	*man*
c'è/ci sono	*es gibt*

ZEITAUSDRÜCKE

oggi	*heute*
domani	*morgen*
dopodomani	*übermorgen*
la mattina	*der Morgen*
il pomeriggio	*der Nachmittag*
la sera	*der Abend*
la notte	*die Nacht*
spesso	*oft*
a volte	*manchmal*
una volta alla settimana	*einmal pro Woche*
ogni giorno	*jeden Tag*
ogni settimana	*jede Woche*
ogni tanto	*ab und zu*
due/tre ore alla settimana	*zwei/drei Stunden die Woche*
un'ora al giorno	*eine Stunde am Tag*
regolarmente	*regelmäßig*
raramente	*selten*
prima	*zuerst, vorher*
poi	*dann*
dopo	*danach, dann*

1 BEGRÜSSEN UND VERABSCHIEDEN

Buongiorno!	*Guten Tag!*
Buonasera!	*Guten Abend!*
Ciao!	*Hallo!; Tschüß!*
Salve!	*Hallo!*
Arrivederci!	*Auf Wiedersehen!*
ArrivederLa!	*Auf Wiedersehen!*
Buona giornata!	*Einen schönen Tag!*
Buona serata!	*Einen schönen Abend!*
Buonanotte!	*Gute Nacht!*
Come stai?	*Wie geht es dir?*
Come sta?	*Wie geht es Ihnen?*
bene	*gut*
benissimo	*sehr gut*
molto bene	*sehr gut*
abbastanza bene	*ganz gut*
non c'è male	*nicht schlecht*
male	*schlecht*
grazie	*danke*
Sto bene.	*Es geht mir gut.*
Pronto?	*Hallo? (am Telefon)*
Chi parla?	*Wer ist am Apparat?*

2 HERKUNFT UND NATIONALITÄT

Di dove sei?	*Woher kommst du?*
Di dov'è?	*Woher kommen Sie?*
Di Berlino.	*Aus Berlin.*
Come ti chiami?	*Wie heißt du?*
Come si chiama?	*Wie heißen Sie?*
mi chiamo	*ich heiße*
tedesco/a	*deutsch*
italiano/a	*italienisch*
spagnolo/a	*spanisch*
francese	*französisch*
Sono tedesco.	*Ich bin Deutscher.*
Italia	*Italien*
Germania	*Deutschland*
Inghilterra	*England*
Francia	*Frankreich*
Spagna	*Spanien*
Portogallo	*Portugal*
Grecia	*Griechenland*
abitare	*wohnen*
Milano	*Mailand*
Berlino	*Berlin*
Amburgo	*Hamburg*
Torino	*Turin*
Genova	*Genua*
Sardegna	*Sardinien*
Sicilia	*Sizilien*

3 FRAGEN ZUR PERSON

Qual è il tuo indirizzo?	*Wie ist deine Adresse?*
Qual è il Suo indirizzo?	*Wie ist Ihre Adresse?*
Qual è il tuo numero di telefono?	*Wie ist deine Telefonnummer?*
Qual è il Suo numero di telefono?	*Wie ist Ihre Telefonnummer?*
Quanti anni hai?	*Wie alt bist du?*
Quanti anni ha?	*Wie alt sind Sie?*
zero	*null*
uno	*eins*
due	*zwei*
tre	*drei*
quattro	*vier*

cinque	*fünf*
sei	*sechs*
sette	*sieben*
otto	*acht*
nove	*neun*
dieci	*zehn*
undici	*elf*
dodici	*zwölf*
tredici	*dreizehn*
quattordici	*vierzehn*
quindici	*fünfzehn*
sedici	*sechzehn*
diciassette	*siebzehn*
diciotto	*achtzehn*
diciannove	*neunzehn*
venti	*zwanzig*
trenta	*dreißig*
quaranta	*vierzig*
cinquanta	*fünfzig*
sessanta	*sechzig*
settanta	*siebzig*
ottanta	*achtzig*
novanta	*neunzig*
cento	*hundert*
le caramelle	*die Bonbons*
i pomodori	*die Tomaten*
le banane	*die Bananen*
i limoni	*die Zitronen*

4 IN EINER ITALIENISCHEN BAR

il bar	*die Bar*
lo scontrino	*der Kassenbon*
il caffè	*der Espresso*
il cappuccino	*der Cappuccino*
l'aperitivo	*der Aperitif*
la birra	*das Bier*
l'acqua minerale	*das Mineralwasser*
la grappa	*der Grappa*
il tè	*der Tee*
il tè al limone	*der Tee mit Zitrone*
la coca cola	*die Coca Cola*
l'aranciata	*die Orangenlimonade*
lo spumante	*der Sekt*
Che cosa desidera?	*Was wünschen Sie (Sing.)?*
Che cosa desiderate?	*Was wünschen Sie (Pl.)?*
Qualcosa da bere?	*Etwas zu trinken?*
Da mangiare?	*Zu essen?*
Desidera altro?	*Wünschen Sie noch etwas?*
per me	*für mich*
prendo	*ich nehme*
il cornetto	*das Hörnchen*
il tramezzino	*das Sandwich*
la pizzetta	*die kleine Pizza*
il panino	*das Brötchen*
il toast	*der Toast*
lo stuzzichino	*das Häppchen*

5 IM RESTAURANT

il ristorante	*das Restaurant*
l'antipasto	*die Vorspeise*
il primo	*der erste Gang*
il secondo	*der Hauptgang*
i contorni	*die Beilagen*
il menù	*die Speisekarte*
vorrei	*ich möchte, ich hätte gern*
portare	*bringen*
Cosa vi porto?	*Was kann ich Ihnen (Pl.) bringen?*

il pepe	*der Pfeffer*
il sale	*das Salz*
la carne	*das Fleisch*
il pesce	*der Fisch*
il salmone	*der Lachs*
i frutti di mare	*die Meeresfrüchte*
l'insalata	*der Salat*
la frutta	*das Obst*
il dolce	*der Nachtisch*
la bottiglia	*die Flasche*
la bottiglia di vino rosso	*die Flasche Rotwein*
il bicchiere	*das Glas*
il bicchiere d'acqua minerale	*das Glas Mineralwasser*

6 LEBENSMITTEL EINKAUFEN

il negozio	*das Geschäft*
il negozio d'alimentari	*das Lebensmittelgeschäft*
il supermercato	*der Supermarkt*
il mercato	*der Markt*
il fruttivendolo	*der Obst- und Gemüsehändler*
il panettiere	*der Bäcker, die Bäckerei*
il macellaio	*der Metzger, die Metzgerei*
il pane	*das Brot*
i panini	*die Brötchen*
il burro	*die Butter*
la marmellata	*die Marmelade*
lo zucchero	*der Zucker*
le uova	*die Eier*
le mele	*die Äpfel*
le pere	*die Birnen*
le fragole	*die Erdbeeren*
l'uva	*die Trauben*
le banane	*die Bananen*
i pomodori	*die Tomaten*
le patate	*die Kartoffeln*
le carote	*die Mohrrüben*
le cipolle	*die Zwiebeln*
un pacchetto di	*ein Päckchen*
un vasetto di	*ein Glas*
un chilo di	*ein Kilo*
mezzo chilo di	*ein halbes Kilo*
un etto di	*einhundert Gramm*
scusi	*entschuldigen Sie bitte*
c'è	*es gibt*
qui	*hier*
là	*dort*
vicino	*in der Nähe*
in fondo	*hinten*
dall'altra parte della strada	*auf der anderen Straßenseite*
girare a destra/sinistra	*rechts/links abbiegen*
andare dritto	*geradeaus gehen*

7 KLEIDUNG UND SCHUHE KAUFEN

piccolo	*klein*
grande	*groß*
troppo piccolo/grande	*zu klein/groß*
anche	*auch*
C'è anche di un altro colore?	*Gibt es das auch in einer anderen Farbe*
C'è anche più piccolo/grande?	*Gibt es das auch kleiner/größer?*

i camerini	*die Umkleidekabinen*
la gonna	*der Rock*
la maglietta	*das Shirt*
il vestito	*das Kleid*
la camicia	*das Hemd*
la giacca	*die Jacke*
il cappotto	*der Mantel*
rosso	*rot*
giallo	*gelb*
verde	*grün*
blu	*blau*
arancione	*orange*
rosa	*rosa*
viola	*lila*
bianco	*weiß*
nero	*schwarz*
grigio	*grau*
marrone	*braun*
mi piace	*mir gefällt*
mi piacciono	*mir gefallen*
un paio di...	*ein Paar ...*
le scarpe	*die Schuhe*
gli stivali	*die Stiefel*
i sandali	*die Sandalen*
gli infradito	*die Flip-Flops*
i mocassini	*die Slipper*
gli scarponi	*die Wanderschuhe*
Che numero porta?	*Welche Größe tragen Sie?*
Le vuole provare?	*Möchten Sie sie anprobieren?*
Sì, grazie.	*Ja, bitte.*
questo/a	*diese(r)*

8 UNTERKUNFT

l'albergo, l'hotel	*das Hotel*
l'appartamento	*die (Ferien)Wohnung*
l'agriturismo	*der Agriturismo-Betrieb*
la camera	*das Zimmer*
il portiere	*der Portier*
il letto	*das Bett*
l'armadio	*der Schrank*
il comodino	*das Nachtschränkchen*
il tavolo	*der Tisch*
la sedia	*der Stuhl*
il televisore	*der Fernseher*
il telefono	*das Telefon*
l'aria condizionata	*die Klimaanlage*
la cabina doccia	*die Duschkabine*
la vasca da bagno	*die Badewanne*
le lenzuola	*die Bettwäsche*
il bidet	*das Bidet*
funzionare	*funktionieren*
... non funziona	*... funktioniert nicht*
Senta, ...	*Hören Sie, ...*
Posso avere un'altro/a...?	*Kann ich noch ein(e) ... haben?*
la lampada	*die Lampe*
il riscaldamento	*die Heizung*
il cuscino	*das Kissen*
prenotare	*reservieren*
la camera singola	*das Einzelzimmer*
la camera doppia	*das Doppelzimmer*
il pernottamento	*die Übernachtung*
la colazione	*das Frühstück*
mezza pensione	*Halbpension*
pensione completa	*Vollpension*

la piscina — *der Swimming-Pool*
il balcone — *der Balkon*
il parcheggio — *der Parkplatz*

9 FORTBEWEGUNG

andare a piedi — *zu Fuß gehen*
andare in macchina — *mit dem Auto fahren*
viaggiare in treno — *mit dem Zug reisen*
viaggiare in aereo — *mit dem Flugzeug reisen*
prendere l'autobus — *den Bus nehmen*
andare in tram — *mit der Straßenbahn fahren*
andare in bicicletta — *mit dem Fahrrad fahren*
Quale autobus va in centro? — *Welcher Bus fährt ins Zentrum?*
Quando parte il prossimo autobus? — *Wann fährt der nächste Bus?*
Mi può dire quando devo scendere? — *Können Sie mir sagen, wann ich aussteigen muss?*
Permesso? — *Darf ich bitte vorbei?*
Posso? — *Darf ich?*
la stazione — *der Bahnhof*
il binario — *das Gleis*
il biglietto — *die Fahrkarte*
di prima classe — *erster Klasse*
di seconda classe — *zweiter Klasse*
solo andata — *nur Hinfahrt*
andata e ritorno — *Hin- und Rückfahrt*
fumatori — *Raucher*
non fumatori — *Nichtraucher*
il supplemento — *der Zuschlag*
la valigia — *der Koffer*
i bagagli — *das Gepäck*
partire — *losfahren*
arrivare — *ankommen*
A che ora? — *Um wie viel Uhr?*
Alle... — *Um ... Uhr.*

10 SOMMERFERIEN

le vacanze — *die Ferien*
al mare — *am Meer*
al lago — *am See*
riposare — *ausruhen*
prendere il sole — *sich sonnen*
fare il bagno — *baden*
nuotare — *schwimmen*
fare vela — *segeln*
fare una passeggiata — *einen Spaziergang machen*
il campeggio — *der Campingplatz*
la tenda — *das Zelt*
la roulotte — *der Wohnwagen*
il camper — *das Wohnmobil*
la piazzola — *der Stellplatz*
il sacco a pelo — *der Schlafsack*
l'acqua potabile — *das Trinkwasser*
la crema solare — *die Sonnencreme*
l'asciugamano — *das Handtuch*
le ciabatte da mare — *die Badeschlappen*
il lettino — *die Liege*
la sdraio — *der Liegestuhl*
l'ombrellone — *der Sonnenschirm*
il gelato — *das Eis*
la gelateria — *die Eisdiele*
il gelato alla fragola — *das Erdbeereis*

il cono	*die Waffel*
la coppetta	*der Becher*
Che tempo fa?	*Wie ist das Wetter?*
Fa freddo.	*Es ist kalt.*
Fa caldo.	*Es ist warm.*
Il tempo è bello.	*Das Wetter ist schön.*
È un po' nuvoloso.	*Es ist ein bisschen bewölkt.*
Piove.	*Es regnet.*

11 SPORT IN FREIER NATUR

fare escursionismo	*wandern*
fare ciclismo	*Radsport betreiben*
fare mountain bike	*Mountainbike fahren*
fare wind-surf	*windsurfen*
fare immersioni	*tauchen*
fare sci nautico	*Wasserski fahren*
in montagna	*im Gebirge*
lo zaino	*der Rucksack*
il sentiero	*der Weg*
il paesaggio	*die Landschaft*
il bosco	*der Wald*
la panchina	*die Bank*
pesante	*schwer*
ripido/a	*steil*
stupendo/a	*herrlich*
fitto/a	*dicht*
comodo/a	*bequem*
il prato	*die Wiese*
il ruscello	*der Bach*
il fiume	*der Fluss*
la cascata	*der Wasserfall*
gli alberi	*die Bäume*
i fiori	*die Blumen*
Che bello!	*Wie schön!*
Che meraviglia!	*Wie wunderschön!*
Che paesaggio fantastico!	*Was für eine fantastische Landschaft!*
sciare	*Ski fahren*
fare sci di fondo	*Langlaufen*
fare pattinaggio su ghiaccio	*Schlittschuh laufen*
fare snowboard	*Snowboarden*
andare in slitta	*Schlitten fahren*
gli sci	*die Skier*
i pattini	*die Schlittschuhe*
la slitta	*der Schlitten*
gli scarponi	*die Skistiefel*

12 IN DER STADT

la piazza	*die Piazza*
la chiesa	*die Kirche*
il duomo	*der Dom*
il castello	*das Schloss*
la torre	*der Turm*
il teatro	*das Theater*
l'anfiteatro	*das Amphitheater*
la fontana	*der Brunnen*
la statua	*die Statue*
le stagioni	*die Jahreszeiten*
la primavera	*der Frühling*
l'estate	*der Sommer*
l'autunno	*der Herbst*
l'inverno	*der Winter*
la strada	*die Straße*
l'autostrada	*die Autobahn*
la galleria	*der Tunnel*
il traffico	*der Verkehr*
la coda	*der Stau*
la deviazione	*die Umleitung*

il semaforo	*die Ampel*
il segnale stradale	*das Verkehrsschild*
le strisce pedonali	*der Zebrastreifen*
la zona pedonale	*die Fußgängerzone*
il distributore	*die Tankstelle*
fare benzina	*tanken*
Mi sa dire come arrivare a...?	*Können Sie mir sagen, wie man zu ... kommt?*
seguire	*folgen*
fino a	*bis zu*
passare davanti a	*vorbeigehen an*
dopo	*nach*

13 BEHÖRDEN

la cabina telefonica	*die Telefonzelle*
le monete	*die Münzen*
la scheda telefonica	*die Telefonkarte*
Quanto costa... ?	*Wie viel kostet ...?*
il francobollo	*die Briefmarke*
la lettera	*der Brief*
la cartolina	*die Postkarte*
l'estero	*das Ausland*
l'ufficio postale	*das Postamt*
lo sportello	*der Schalter*
il pacco	*das Paket*
la buca delle lettere	*der Briefkasten*
scrivere	*schreiben*
spedire	*absenden*
chiamare	*anrufen*
la chiamata per l'estero	*das Auslandsgespräch*
occupato	*besetzt*
il prefisso	*die Vorwahl*
il bancomat	*der Bankautomat, die EC-Karte*
i soldi	*das Geld*
l'euro	*der Euro*
prelevare	*abheben*
la carta di credito	*die Kreditkarte*
pagare in contanti	*bar bezahlen*

14 FREIZEIT UND HOBBYS

il tempo libero	*die Freizeit*
nel tempo libero	*in der Freizeit*
fare sport	*Sport machen*
fare jogging	*joggen*
giocare a calcio	*Fußball spielen*
giocare a tennis	*Tennis spielen*
uscire con gli amici	*mit Freunden ausgehen*
mangiare fuori	*essen gehen*
(andare a) ballare	*tanzen (gehen)*
andare al cinema	*ins Kino gehen*
ascoltare musica	*Musik hören*
dormire	*schlafen*
leggere	*lesen*
guardare la televisione	*fernsehen*
sentire	*hören*
il rumore	*das Geräusch*
Che tipo di musica?	*Welche Art von Musik?*

in macchina	*im Auto*
la musica pop	*die Popmusik*
Che ore sono?	*Wie viel Uhr ist es?*
È l'una.	*Es ist ein Uhr.*
È mezzogiorno.	*Es ist zwölf Uhr mittags.*
È mezzanotte.	*Es ist Mitternacht.*
Sono le due/ le tre.	*Es ist zwei/ drei Uhr.*
Sono le ... e venti.	*Es ist zwanzig nach ...*
Sono le ... e un quarto.	*Es ist Viertel nach ...*
Sono le sette e mezza.	*Es ist halb acht.*
Sono le ... meno dieci.	*Es ist zehn vor ...*
Sono le ... meno un quarto.	*Es ist Viertel vor ...*
la mattina	*der Morgen*
il pomeriggio	*der Nachmittag*
la sera	*der Abend*
la notte	*die Nacht*

15 BERUF UND ARBEIT

il lavoro	*die Arbeit*
lavorare	*arbeiten*
Che lavoro fai?	*Was bist du von Beruf?*
Che lavoro fa?	*Was sind Sie von Beruf?*
il/la commesso/a	*der/die Verkäufer/in*
il medico	*der/die Arzt/Ärztin*
l'architetto	*der/die Architekt/in*
l'elettricista	*der/die Elektriker/in*
la casalinga	*die Hausfrau*
il/la cuoco/a	*der/die Koch/Köchin*
il/la parrucchiere/a	*der/die Friseur/in*
l'infermiere/a	*der/die Krankenpfleger/-schwester*
l'avvocato	*der/die Rechtsanwalt/-anwältin*
il/la tennista	*der/die Tennisspieler/in*
il/la pensionato/a	*der/die Rentner/in*
il/la fotografo/a	*der/die Fotograf/in*
a casa	*zu Hause*
in ufficio	*im Büro*
in una ditta	*in einer Firma*
in un'agenzia	*in einer Agentur*
in fabbrica	*in einer Fabrik*
in ospedale	*im Krankenhaus*
in una scuola	*in einer Schule*
lavorare in proprio	*selbstständig sein*
guadagnare bene/male	*gut/schlecht verdienen*
lavorare a tempo pieno	*Vollzeit arbeiten*
lavorare part-time	*Teilzeit arbeiten*
cercare lavoro	*Arbeit suchen*
il capo	*der Chef*
i colleghi	*die Kollegen*
l'orario di lavoro	*die Arbeitszeiten*
le ferie	*der Urlaub*
lo stipendio	*das Gehalt*

16 TAGESABLÄUFE

il lunedì	*der Montag*
il martedì	*der Dienstag*
il mercoledì	*der Mittwoch*
il giovedì	*der Donnerstag*
il venerdì	*der Freitag*
il sabato	*der Samstag*
la domenica	*der Sonntag*
Il lunedì/ il martedì vado...	*Montags/Dienstags gehe ich ...*
Lunedì/martedì vado...	*Am Montag/Dienstag gehe ich ...*
fare colazione	*frühstücken*
andare al lavoro	*arbeiten gehen*
mettere in ordine la casa	*das Haus/die Wohnung aufräumen*
portare i bambini a scuola	*die Kinder in die Schule bringen*
pranzare	*zu Mittag essen*
fare la spesa	*einkaufen*
tornare a casa	*nach Hause zurückkommen*
preparare la cena	*das Abendessen zubereiten*
cenare	*zu Abend essen*
andare a letto	*ins Bett gehen*
andare a fare la sauna	*in die Sauna gehen*
prima	*zuerst, vorher*
poi	*dann*
dopo	*danach, dann*
lavarsi	*sich waschen*
vestirsi	*sich anziehen*
svegliarsi	*aufwachen*
alzarsi	*aufstehen*

17 KOCHEN UND GENIESSEN

la pentola	*der Topf*
la padella	*die Pfanne*
la terrina	*die Schüssel*
l'insalatiera	*die Salatschüssel*
il macinapepe	*die Pfeffermühle*
il mestolo	*der Schöpflöffel*
le posate	*das Besteck*
la forchetta	*die Gabel*
il coltello	*das Messer*
il cucchiaio	*der Löffel*
il cucchiaino	*der Teelöffel*
il piatto	*der Teller*
l'apribottiglie	*der Flaschenöffner*
il cavatappi	*der Korkenzieher*
la tovaglia	*die Tischdecke*
il tovagliolo	*die Serviette*
mangiare	*essen*
si mangia(no)	*man isst*
il melone	*die Melone*
le castagne	*die Maronen*
la minestra	*die Suppe*
il filetto	*das Filet*
l'insalata	*der Salat*
cucinare	*kochen*
preparare	*zubereiten*
lavare	*waschen*
aggiungere	*hinzufügen*
aprire	*öffnen*
tagliare	*schneiden*
rosolare	*anbraten*
sbucciare	*schälen*
versare	*gießen*
gli ingredienti	*die Zutaten*
la preparazione	*die Zubereitung*

la pancetta affumicata	*der geräucherte Speck*
il rosso d'uovo	*das Eigelb*
l'olio	*das Öl*
la panna	*die Sahne*
il formaggio grattugiato	*der geriebene Käse*
tagliare a dadini	*in kleine Würfel schneiden*
soffriggere	*andünsten*
sbattere	*schlagen*
cotto/a	*gekocht*

18 FREUNDSCHAFTEN

l'amico	*der Freund*
l'amica	*die Freundin*
un mio amico/ una mia amica	*ein/e Freund/in von mir*
il mio amico/ la mia amica	*mein/e Freund/in*
mio/mia	*mein(e)*
tuo/tua	*dein(e)*
suo/sua	*sein(e)/ihr(e)*
Suo/Sua	*Ihr(e)*
nostro/nostra	*unser(e)*
vostro/vostra	*euer(e)*
loro	*ihr(e)*
Pasquetta	*Ostermontag*
a Pasquetta	*am Ostermontag*
il picnic	*das Picknick*
come sempre	*wie immer*
perché	*warum; weil*
non	*nicht*
Perché non andiamo...	*Warum gehen wir nicht ...?*
portare da mangiare	*zum Essen mitnehmen*
le uova sode	*die hartgekochten Eier*
gli affettati	*der Aufschnitt*
la pasta al forno	*der Nudelauflauf*
allora	*also (dann)*
ci vediamo	*wir sehen uns*
non ... mai	*nie*
non ... niente	*nichts*

19 DIE VERWANDTSCHAFT

la famiglia	*die Familie*
la madre	*die Mutter*
il padre	*der Vater*
la figlia	*die Tochter*
il figlio	*der Sohn*
la nonna	*die Großmutter*
il nonno	*der Großvater*
la sorella	*die Schwester*
il fratello	*der Bruder*
la zia	*die Tante*
lo zio	*der Onkel*
la nipote	*die Nichte; Enkeltochter*
il nipote	*der Neffe; Enkelsohn*
la cugina	*die Cousine*
il cugino	*der Cousin*
miei/mie	*meine*
tuoi/tue	*deine*
suoi/sue	*seine/ihre*
Suoi/Sue	*Ihre*
nostri/nostre	*unsere*
vostri/vostre	*euere*
loro	*ihre*
i parenti	*die Verwandtschaft*
i genitori	*die Eltern*
i nonni	*die Großeltern*
i figli	*die Kinder*

20 FAMILIENFESTE

Pasqua *Ostern*
Natale *Weihnachten*
San Silvestro *Silvester*
Buona Pasqua! *Frohe Ostern!*
Buon Natale! *Frohe Weihnachten!*
Tanti auguri! *Alles Gute!, Herzlichen Glückwunsch!*
il compleanno *der Geburtstag*
il matrimonio *die Hochzeit*
il battesimo *die Taufe*
la comunione *die Kommunion*
la cresima *die Firmung*
gli sposi *das Brautpaar*
gli invitati *die Gäste*
la bomboniera *die Bonbonniere*
i confetti *die Zuckermandeln*
il vestito da sposa *das Hochzeitskleid*
il bouquet della sposa *der Brautstrauß*
la torta nuziale *die Hochzeitstorte*
i regali *die Geschenke*
i testimoni *die Trauzeugen*
le fedi *die Eheringe*
Buon Compleanno! *Herzlichen Glückwunsch zum Geburtstag!*
Quando è il tuo compleanno? *Wann ist dein Geburtstag?*
Quando compi gli anni? *Wann hast du Geburtstag?*
Il mio compleanno è il ... *Mein Geburtstag ist am ...*
Compio gli anni il ... *Ich habe am ... Geburtstag.*
gennaio *Januar*
febbraio *Februar*
marzo *März*
aprile *April*
maggio *Mai*
giugno *Juni*
luglio *Juli*
agosto *August*
settembre *September*
ottobre *Oktober*
novembre *November*
dicembre *Dezember*
oggi *heute*
domani *morgen*
dopodomani *übermorgen*
spesso *oft*
a volte *manchmal*
una volta alla settimana *einmal pro Woche*

21 KULTUR & UNTERHALTUNG

l'arte *die Kunst*
il museo *das Museum*
la mostra *die Ausstellung*
la galleria d'arte *die Gemäldegalerie*
la pinacoteca *die Pinakothek*
l'opera d'arte *das Kunstwerk*
il quadro *das Gemälde*
il disegno *die Zeichnung*
la scultura *die Skulptur*
la fotografia *die Fotografie*
l'entrata *der Eintritt*
l'entrata libera *der freie Eintritt*
il biglietto *die Eintrittskarte*
la riduzione *die Ermäßigung*
la guida *der/die Reiseführer/in*

il dépliant	*die Broschüre*
il catalogo	*der Katalog*
lo spettacolo	*die Aufführung*
lo studente	*der Student*
il gruppo	*die Gruppe*
il concerto	*das Konzert*
l'opera	*die Oper*
il film	*der Film*
la prima visione	*die Premiere*
la sala	*der Saal*
la fila	*die Reihe*
il posto	*der Platz*
la biglietteria	*die Kasse*
il sipario	*der Vorhang*
il bis	*die Zugabe*
il/la cantante	*der/die Sänger/in*
il tenore	*der Tenor*
bello/a	*schön*
noioso/a	*langweilig*
lungo/a	*lang*
corto/a	*kurz*
divertente	*lustig*
interessante	*interessant*
triste	*traurig*
il/la regista	*der/die Regisseur/in*
la commedia	*die Komödie*
il film drammatico	*das Drama*

22 MEDIEN

la televisione	*das Fernsehen*
la radio	*das Radio*
il telecomando	*die Fernbedienung*
il programma	*das Programm*
il canale	*der Sender*
il telegiornale	*die Fernsehnachrichten*
il notiziario	*die Radionachrichten*
il meteo	*der Wetterbericht*
la pubblicità	*die Werbung*
il volume	*die Lautstärke*
ogni giorno/settimana	*jeden Tag/jede Woche*
ogni tanto	*ab und zu*
due/tre ore alla settimana	*zwei/drei Stunden die Woche*
un'ora al giorno	*eine Stunde am Tag*
regolarmente	*regelmäßig*
raramente	*selten*
la telenovela	*die Seifenoper*
la partita di calcio	*das Fußballspiel*
il documentario	*der Dokumentarfilm*
il programma di moda	*die Modesendung*
il cartone animato	*der Zeichentrickfilm*
il giornale	*die Zeitung*
il quotidiano	*die Tageszeitung*
la rivista	*die Zeitschrift*
la rivista on line	*das Online-Magazin*
chattare su Internet	*im Internet chatten*

23 KÖRPER & KÖRPERPFLEGE

la testa	*der Kopf*
gli occhi	*die Augen*
il naso	*die Nase*
la bocca	*der Mund*
le orecchie	*die Ohren*
il collo	*der Hals; der Nacken*
il braccio	*der Arm*
la mano	*die Hand*
la spalla	*die Schulter*

la schiena	*der Rücken*
la pancia	*der Bauch*
la gamba	*das Bein*
il piede	*der Fuß*
lavarsi	*sich waschen*
farsi la doccia	*duschen*
farsi il bagno	*baden*
truccarsi	*sich schminken*
pettinarsi	*sich kämmen*
farsi la barba	*sich rasieren*
lavarsi i denti	*sich die Zähne putzen*
lavarsi i capelli	*sich die Haare waschen*
asciugarsi	*sich abtrocknen*
avere l'aria stanca	*müde aussehen*
il centro benessere	*das Wellness-Hotel*
Magari!	*Schön wär's!*
il massaggio	*die Massage*
rilassare	*entspannen*

24 GESUNDHEIT

Ho mal di pancia.	*Ich habe Bauchschmerzen.*
Ho mal di gola.	*Ich habe Halsschmerzen.*
Ho preso il raffreddore.	*Ich habe mich erkältet.*
Ho la tosse.	*Ich habe Husten.*
Ho la febbre.	*Ich habe Fieber.*
Ho mal di denti.	*Ich habe Zahnschmerzen.*
Ho mal di testa.	*Ich habe Kopfschmerzen.*
Mi sono bruciato/a.	*Ich habe mich verbrannt.*
Mi fa male qua.	*Hier habe ich Schmerzen.*
Ho una scottatura.	*Ich habe einen Sonnenbrand.*
Ho le vertigini.	*Mir ist schwindelig.*
la farmacia	*die Apotheke*
il farmaco	*das Medikament*
lo sciroppo	*der Saft*
la pomata	*die Salbe*
la tisana	*der Kräutertee*
le compresse	*die Tabletten*
i prodotti omeopatici	*die homöopathischen Mittel*
i cerotti	*die Pflaster*
le gocce	*die Tropfen*
le supposte	*die Zäpfchen*
la camomilla	*der Kamillentee*
l'aspirina®	*das Aspirin®*
contro	*gegen*
per	*für*
la puntura d'insetto	*der Insektenstich*
ho bisogno di	*ich brauche*

25 AUSSEHEN UND CHARAKTER

l'aspetto	*das Aussehen*
alto/a	*groß*
basso/a	*klein*
snello/a	*schlank*
grasso/a	*dick*
bello/a	*schön*
brutto/a	*hässlich*
moro/a	*dunkelhaarig*
bruno/a	*braunhaarig*
biondo/a	*blond*
essere calvo/a	*eine Glatze haben*

i capelli lunghi/corti	*lange/kurze Haare*
i capelli lisci/ricci	*glatte/lockige Haare*
gli occhi marroni/azzurri/verdi	*braune/blaue/grüne Augen*
portare gli occhiali	*eine Brille tragen*
il carattere	*der Charakter*
buono/a	*lieb*
bravo/a	*gut*
gentile	*höflich, nett*
disponibile	*hilfsbereit*
intelligente	*intelligent*
socievole	*gesellig*
vivace	*lebhaft*
simpatico/a	*sympathisch*
curioso/a	*neugierig*
aperto/a	*offen*
pettegolo/a	*geschwätzig*
cattivo/a	*böse*
stupido/a	*dumm*
noioso/a	*langweilig*
antipatico/a	*unsympathisch*
chiuso/a	*verschlossen*
poco	*wenig*
molto	*viel, sehr*
troppo	*zu (viel)*
tanto	*viel, sehr*

Bildnachweis

U1; Fotolia, New York: **13.1** (belahoche); **13.2** (michaeljung); **14.1** (angellodeco); **14.3** (Helder Almeida); **23.1** (Anna Kucherova); **23.2** (phasinphoto); **23.3** (Lysander); **23.4** (fotoliaxrender); **26.1** (Fotimmz); **26.2** (tiverylucky); **26.3** (al62); **26.4** (Grafvision); **32.1** (Mikko Pitkļen); **32.3**, **46** (Juli. Rovagnati); **36.3** (Christophe Fouquin); **50** (berdoulat jerome); **52.2** (Andrew Barker); **52.4** (Pixel & Crition); **54.2** (Anja Wegner); **57.1** (Galyna Andrushko); **57.2** (Raffalo); **57.3** (ChristianSchwier.de); **58.2** (Irmina Mamot); **58.3** (Klaus Eppele); **58.4** (Oliver Weber); **61.2** (ingmar wesemann); **61.4** (Iva Villi); **67.1** (PixelThat); **69.3** (Yuri Arcurs); **79.1** (Frank Boston); **80** (industrieblick); **83.1** (Stefano Neri); **88** (Fatman73); **98** (Monkey Business); **99.2** (elitravo); **103.2** (Andrei Korzhyts); **106.1** (Forster Forest); **106.2** (James Steidl); **106.3** (Andrejs Pidjass); **106.4** (Sandor Jackal); **108** (Alena Ozerova); **114.1**, **114.2**, **114.3**, **114.4** (Kzenon); **116.4** (Alliance); **121.1** (Daniel Fuhr); **121.2** (Heidi Baldrian); **121.3** (bilderbox); **U1** (Xebeche); iStockphoto, Calgary, Alberta: **28** (Kristian Gehradte); **32.2** (Sebastian Vera); **40.1** (Denisa Moorehouse); **40.4** (Louis Aguinaldo); **48.1** (Kenneth C. Zirkel); **52.3** (wwing); **54.1** (zimmytws); **54.3** (mg7); **58.1** (philip langley); **61.1** (Rich Legg); **61.3** (ra-photos); **65.1** (DaddyBit); **65.2** (tong tongkham); **65.3** (Giorgio Fochesato); **65.4** (Luke Daniek); **69.1** (scanrail); **69.2** (Peter Hibberd); **75.2** (Cimmerian); **75.3** (Ridofranz); **75.4** (Liv Friis-Larsen); **79.2** (Sergey Kashkin); **79.3** (Ljupco); **79.4** (elfinima); **83.3** (Niels Laan); **83.4** (DragonImages); **87.1**, **87.3** (Nick Schlax); **87.2** (James Ensing-Trussell); **90.2** (Kevin Russ); **90.3** (Joseph Jean Rolland Dub); **90.4** (Galina Barskaya); **94** (Catherine Yeulet); **96.1** (mandygodbehear); **96.2** (Silvia Boratti); **96.3** (absolut_100); **99.1** (Alan Lee); **123.1** (pixelfit); **123.2** (Yuri_ Arcurs); **123.3** (annebaek); **125** (SensorSpot); PONS GmbH, Stuttgart: **52.1** (Friso de Jong); **53.1**, **53.2**, **53.3**, **77.1**, **77.2**, **77.3**, **120**, **156.1**, **156.2**, **156.3**, **156.4**, **156.5**, **156.6**, **156.7**, **156.8** (PONS GmbH); Shutterstock, New York: **6** (Very_Very); **8.1**, **11.1** (Shaynepplstockphoto); **8.2** (Seohwa Kim); **8.3** (KannaA); **9.1** (3D Vector); **9.2** (ta_samaya) **9.3** (SVIATLANA SHEINA); **9.4** (worldion); **10.1** (lliveinoctober); **10.2** (SIM VA); **10.3**, **62.1** (1989studio); **10.4** (Rob van Esch); **10.5** (Vladvm); **11.2** (Pressmaster); **14.2**, **85.2** (wavebreakmedia); **14.4** (pio3); **24.1** (Yulia Davidovich); **24.2** (donfiore); **24.3** (M. Unal Ozmen); **24.4** (topnatthapon); **24.5** (Nataly Studio); **24.6** (Boris-B); **25.1** (Oliver Hoffmann); **25.2** (Paco Zarate); **34.1** (monticello); **34.2** (Kostsov); **35.1** (NYS); **35.2** (Hayat Kayhan); **35.3** (Chiyacat); **U1** (ABCity3D); **U** (Georgios Alexandris); **U1** (Maxx-Studio); **U** (Vadim Georgiev); **U1** (pilipphoto); **36.1** (Da Costa); **40.2** (uzxphoto); **40.3** (sergeevana **44.1** (Christian Mueller); **44.2** (Alex Kalmbach); **44.3** (montego); **45** (Khirman Vladimir); **62.3** (paseven); **63** (Wiktoria Matynia **63.1** (pingebat); **63.2** (Martial Red); **63.3** (SchottiU); **64** (Momentum); **67.2** (Paolo Bona); **67.3** (spirit of america); **69.4** (Mikha Nekrasov); **72.1** (artjazz); **72.2** (Elnur); **73.1** (Ljupco Smokovski); **73.2** (stockphoto-graf **75.1** (Syda Productions); **83.2** (Siberia Vide and Photo); **85.1** (Zaichu); **85.3** (Yuriy Rudyy); **85.4** (katalinks); **92** (Sofiaworld); **102** (Ibooo7); **103.1** (Rena Design); **103.3** (Evikka); **112** (Alushka); **116.1** (Alliance); **116.2** (legenda); **116.3** (Lucky Business); **121.4** (LI HUANFENG); Thinkstock, München: **17.1** (Goodluz); **17.2** (Fuse); **17.3** (Purestock); **17.** (Paul Sutherland); **36.2** (JannHuizenga); **48.2** (eyewave); **48.3** (myibean); **62.2** (zoom-zoom); **90.1** (m-imagephotography) **99.3** (Buccina Studios); und folgende **4.1**, **4.2**, **4.3**